古代歷史文化研究輯刊

三 編

王明蓀 主編

第 13 冊

宋人筆記中的汴京人民生活風尚

蔡君逸 著

國家圖書館出版品預行編目資料

宋人筆記中的汴京人民生活風尚／蔡君逸 著 — 初版 — 台北
縣永和市：花木蘭文化出版社，2010〔民 99〕
目 4+162 面；19×26 公分
（古代歷史文化研究輯刊 三編；第 13 冊）
ISBN：978-986-254-098-5（精裝）
1. 社會生活　2. 生活史　3. 宋代
635　　　　　　　　　　　　　　　　　99001242

ISBN - 978-986-2540-98-5

9 789862 540985

古代歷史文化研究輯刊
三　編　第十三冊　　　　　　ISBN：978-986-254-098-5

宋人筆記中的汴京人民生活尚

作　　　者　蔡君逸
主　　　編　王明蓀
總 編 輯　杜潔祥
出　　　版　花木蘭文化出版社
發 行 所　花木蘭文化出版社
發 行 人　高小娟
聯 絡 地 址　台北縣永和市中正路五九五號七樓之三
　　　　　　電話：02-2923-1455／傳真：02-2923-1452
網　　　址　http://www.huamulan.tw 信箱 sut81518@ms59.hinet.net
印　　　刷　普羅文化出版廣告事業
初　　　版　2010 年 3 月
定　　　價　三編 30 冊（精裝）新台幣 46,000 元

宋人筆記中的汴京人民生活風尚

蔡君逸　著

作者簡介

　　蔡君逸，1986 年 6 月文化大學中文系文學組畢業，1989 年 6 月東吳大學中文研究所碩士班畢業，1989 年 9 月任教於弘光護專（今改名弘光科技大學）。
　　專長：筆記小說、古食譜、遊記。
　　興趣：古典文學、書法、篆刻、旅行、古今食譜食事。

提　要

　　本論文以汴京平民日常生活之情形為論述重點。其目的，在重現千年前北宋汴京之繁華，並探究其所以興、衰的原因。所使用資料，則為宋人筆記，且略及史籍、詩文。乃先就資料作成歸納，再加以演述。全文計十四萬字，分九章並引言、結語。現即於各章內容，敘述如下：

　　第一章「汴京概述」，相當於全書緒論，乃就汴京之地理形勢與市政建設，作一概略性的介紹。

　　第二章「汴京人民的飲食」，分食與飲兩部分，論述汴京人民於此方面的各項問題，以介紹汴京著名的食品、食法為主。

　　第三章「汴京人民的衣冠服飾」，分為男子、婦女兩部，敘述其冠戴、衣裳等，並附述各職業人等服色。重點在敘述其時人民服飾之樣式與演變。

　　第四章「汴京的住與行」，敘述汴京人民在居住環境與日常器用，以及交通運載方面的問題。

　　第五章「汴京人民的娛樂」，分為技藝與遊戲兩方面，其中技藝為各項技術才藝的表演；遊戲則涵蓋動態與靜態，重在親身參與。本章藉此二者略窺汴京人民的休閒生活。

　　第六章「汴京人民的歲時生活」，乃是介紹汴京人民於一年各個大大小小的節日中，其歡娛、慶祝之情。至於敘述重點則在節慶之習俗方面，以見出一般平民於此特殊日子中的生活情形。

　　第七章「汴京人民的禮俗」，是從祭祀、婚姻、育子、喪葬等方面，敘述汴京人民的各項禮儀及風俗。

　　第八章「汴京人民的信仰」，乃從具有普遍性的佛、道等宗教信仰以及地方性的神明崇拜為敘述重點，旨在說明當時汴京人民精神生活之一面。

　　第九章「汴京之社會與文化」，相當於本論文之結論，乃從園林、商業活動、社會風氣、文化四方面，對汴京的社會、文化發展，作一綜述，並探論汴京所以繁華、衰敗之原因。

　　以上即是對本論文之研究目的、方法及論文內容的一個大概說明。而本文的主旨，則希望能經由對汴京繁華的敘述，深入瞭解當時人民的生活；並冀由汴京興、衰的歷程，獲取歷史的借鏡。

目

次

引　言

　　歷史上的宋朝，並非一個強盛的時代；相反地，其國勢、疆域，於歷代中，僅得居於末席。其不似漢、唐諸代般，武功赫赫，然於社會、文化之發展上，宋代實有其傲視前朝之處。北宋前後一百六、七十年間，大部分時間裏，外患問題並非嚴重；因此，北宋人民大體上也還稱安適而富足。此由首都汴京人民的生活中，更能清楚看出。此時汴京正處於熱鬧、繁華的高峰，不僅為世界上最大，且為最進步、富有之城市。這已由近千年前文人撰述之《東京夢華錄》，畫家所繪之「清明上河圖」中，或用文字、或以形象，鮮明而生動地呈現於吾人眼前。本論文之撰述，即基於類似之心懷，而針對北宋汴京人民生活，作一概述。希望由汴京人民生活上各個細節的描寫，而為斯時斯地之中下層社會與人民，留下一記錄。此項工作，自是浩大非常，遠非本人學力或本論文所能奏其功。然卻希望藉此闡述之機會，將目光移轉至一般平民之生活，乃至其情感、好惡。因為，於各類記載中，此類社會中下階層人民似皆為被忽略的一群，故乃專意於是。另一個目的，則希望能再現千年前汴京繁華之景象，甚而更進一步探究其興盛與衰敗之因。實則此一動機由來已久，自少時讀《東京夢華錄》過，每馳迷於其街巷之車水馬龍與如夢繁華中，不能自已。今日撰此，亦算得上稍償宿願了。

　　至於在有關汴京之資料方面，舉凡史籍、詩文、詞曲、小說、筆記中，莫不有之。而本論文之撰寫乃專以宋人筆記中所載者為主。如此固有偏頗、不足之處，然拘於時間、學力，實亦不得已。而以宋人筆記浩如瀚海，頗煩於裁割，是以於本文撰述中必有遺漏、未安之處，以至問題之解決，未盡徹底，此則俟之來日。至若所以用筆記為取材之對象，乃因筆記為私人所記。

若能綜合觀之，其角度較之官修史書，固爲多面而寬廣。而筆記以其浩瀚，內容包含至廣，故每爲人所忽，實則其中頗有足徵考實或記述典故者。尤以筆記至宋而後大盛，其著述態度亦稱謹嚴，非後世之比，是皆可取者。此外，作者個人之情感，亦較能具見其中。以北宋百七十年間，汴京歷「成、住、壞、空」，其興盛、隕落，直如春夢。此於其時文人心中，乃多所感觸，故紛紛筆而出之，留下諸多抒情、敘事、記實俱佳之筆記。不僅爲一時之追憶，且幾可爲後世之信史。由此觀之，欲瞭解當時人民之生活、情感，筆記實爲最佳材料，此亦所以本論文取而用之也。

　　基於上述原因，於撰述本論文時，其資料乃以宋人筆記爲主，必要時又參之史籍與後人記載。至於內容，則專注於北宋汴京之平民生活，間或雜以貴族富室之生活狀況，以爲對照與補充。冀能藉此深入瞭解千年前北宋之中下階層社會，乃至其人民之喜樂與苦痛，而爲向遭漠視之平民百姓其社會生活，留下記錄。至於文中有資料疏略或文義未妥處，恐不在少，則有賴於方家指正。

第一章 汴京概述

第一節 地理形勢

汴京地處河南平原的中心，四野平曠，無山川之險，自古即爲戰場。雖然在國防上無險可守，十分不利，而北宋卻仍都於此，這是著眼於經濟的理由。因爲汴京地扼大運河的水運，南方的糧食、物資可以經河運直達於此，解決了「食」與「用」的需求。在千年前的時代裡，這可是除了軍事以外最大的問題。據《涑水記聞》卷一的記載，宋太祖原有遷都洛陽的打算，然而最後基於經濟的考慮，還是打消了。由是而後，乃須於京師駐守大量的兵力，這是無可奈何的負擔，也是經濟、交通便利的代價。以下，我們就從汴京的建置與歷代沿革以及汴京的城池與河川兩部分，來對汴京這個城市做一大概的介紹。

一、建置 沿革

開封地區開發得相當早，早在春秋時代的鄭莊公，即於此築城（見《能改齋漫錄》卷九）。戰國時代，魏（梁）惠王九年時（即西元前 362 年），將國都遷於此，名曰「大梁」。秦滅魏，毀大梁城。至漢代，則於大梁廢墟上建有浚儀縣城。然此時只是一個小型縣城而已。直到北魏時，開封才又復甦，東魏於此置梁州，到了北周時改梁州爲汴州。隋代開大運河，汴州位居通濟渠（即唐以後的汴河）衝要之地，成爲南方米糧、貨物輸至關中的轉運站，地位日趨重要。及至唐代，汴州以其在經濟運輸上的重要性，也成爲軍事重鎮。安史亂後，宣武軍節度使乃駐於此，可見其經濟、軍事地位之重要。唐

末的朱溫即宣武軍節度使，於西元 907 年簒唐立梁，開始了五代十國諸國割據的時期，汴州也正式躍上了政治舞台。

在梁、唐、晉、漢、周五代中，除了後唐外，均以汴州爲首都。據《近事會元》卷四云，於晉高祖天福三年十月，升汴州爲東京（西京爲洛陽）。政治的中心已漸由西而東，從關中而洛陽再至開封了。到了後周世宗，其於汴京城市的建設有極大的貢獻，汴京的外城即爲所建。北宋沿五代，以汴京爲國都，在長達一百六、七十年的時間中，汴京人口不斷增加，政府也做了不少的建設。此段時間是汴京的黃金時代，它這時不僅是北宋政治、文化、交通、經濟各方面的中心，亦爲當時世界上人口最多也最繁華的都市。

金滅北宋，汴京城毀，不復舊觀，在這相當於毀滅性的打擊後，汴京再也不能回復到從前繁榮的景象了。金章宗明昌五年（即南宋光宗紹熙五年，西元 1194 年），黃河決口，改道南流；汴京的水系遭到嚴重破壞，諸運河也漸淤塞，無復航運之利。在經過這麼重大的政治以及天然的破壞之後，汴京的衰落已是可以預見的了。到了金宣宗貞祐年間（西元 1213～1217 年，約當南宋寧宗嘉定間），金王朝因受到北方蒙古人的壓迫，曾遷都汴京，而改稱南京。至元代則於此設汴梁路，世祖之後爲河南北行省之省會。明代則設開封府，周王駐於此，且以北宋舊宮城爲王宮。明末闖軍圍開封，決河灌城，開封再一次受到了徹底的破壞。清代時開封猶爲省會，民國以後省會仍在此，然僅爲一中型城市，1954 年省會遷往鄭州，開封遂一蹶不振。

以上所述，是對開封（大梁、浚儀、梁州、汴州、汴京、東京、南京、祥符）於歷代之建置及自古至今的沿革演變，做一簡單的介紹。以下即就城池、河川做說明，冀能從較具體的方面瞭解開封的地理形勢。

二、城池　河川

汴京地勢，西北高而東南低，形如臥牛，故又稱「臥牛城」。全城分爲「宮城」、「裡城」、「外城」三重，先述宮城。

「宮城」又稱「皇城」、「大內」，本爲唐代宣武軍節度使的官署。梁太祖時建爲建昌宮，晉改稱大寧宮，周世宗也曾加以營繕，據《邵氏聞見前錄》卷一，云於宋太祖初年時，曾

　　　　遣使圖西京大內，按以改作。

可知宮城乃仿自洛陽的大內禁宮。此因原來汴州城官署實在太過窄小簡陋，

故而重建。城周五里，再據《邵氏聞見前錄》卷一的記載，宮城之萬歲殿與諸門「端直如引繩」，則城中當是以左右對稱的宮殿建築為主。《東京夢華錄》云有「東角樓」、「西角樓」，顯見城四角均有「角樓」。此城原為土城，自宋眞宗大中祥符五年後方改築為磚城牆。城周有七門，東面有二門，北為「謻門」，是便門；南為「東華門」。南面有三門，由東至西依次為「左掖門」、「宣德門」（又稱「乾元門」）、「右掖門」。西面有一門，為「西華門」，與東面「東華門」遙遙相對。北面有一門，為「拱辰門」。東、西華門橫街以南，多是政府官署機關重地；以北，則為皇帝及宮人生活起居所在。

「裡城」，即原汴州城，又稱「舊城」、「闕城」，據《侯鯖錄》卷三云，為唐建中二年時由節度使李勉「重築」〔註1〕。城周二十里一百五十五步，周圍共十二門，東面有三門，由北至南依次為「曹門」（又稱「望春門」、「迎春門」），通曹州；「宋門」（又稱「麗景門」），通宋州；「角門子」〔註2〕，為汴河水門。南面有三門，由東至西依次為「保康門」、「朱雀門」、「新門」（又稱「崇明門」）。西面有三門，由北至南依次為「梁門」（又稱「閶闔門」）；「角門子」，為汴河上水門；「鄭門」（又稱「宜秋門」），通鄭州。北面有三門，由東至西依次為「封丘門」（又稱「安遠門」），通封丘；「酸棗門」（又稱「景龍門」），通酸棗縣；「天波門」（又稱「金水門」、「太安門」），金水河流經其側。

「裡城」為汴京之精華所在，最繁華的商業區即在此。另外如開封府、尚書省、秘書省、東西府等官署也在宮城南壁附近。北宋末政和三年時，徽宗皇帝為了擴大宮城的範圍，將宮城北牆直到裡城城牆間，東起「酸棗門」西迄「天波門」的一大片地方，建築起宮殿群，即「延福五位」〔註3〕。並在延福宮殿群的東、西圍牆各開一門，東曰「晨暉」，西曰「麗澤」，與「東、西華門」平行，為宮城之延伸。日後尚覺不足，還跨舊城再向北擴展，建造宮殿，稱為「延福六位」。於政和七年，又築「萬壽山」，後更名為「艮嶽」，位於宮城東北的裡城城牆內，做為皇帝的私人園林。宋徽宗此舉，將不少裡城的民居拆遷為宮殿，固然擴大了宮城的範圍，卻招致了更多的民怨。

「外城」，又稱「新城」、「羅城」、「國城」，為後周世宗顯德二年所建。

〔註1〕 由這「重築」二字，可知於建中二年以前，已有舊城牆。但史籍失載，莫知其始建之時、地、人。

〔註2〕 「角門子」在《東京夢華錄》中，亦有稱為「角子門」者，為汴河上水門之專稱。

〔註3〕 據《可書》云，此地徽宗用來給皇室親王居住，又稱為「藩衍宅」。

據《畫墁錄》卷一的記載，乃是周世宗命宋太祖騎馬於朱雀門開跑，「以馬力盡處爲城」。城周四十八里二百二十三步，是用虎牢關的黑黏土築成，故堅硬如鐵。據《桯史》卷一的記載，宋太祖於開寶年間曾「大其城址，曲而宛如蚓詘焉」，則城外表爲不規則形狀，以利於防守。後來歷代亦加以展築、修建，如眞宗時即曾增築。神宗熙寧間，則加甕城與敵樓，並對外城大加整修，此時城周已有五十里一百六十五步。徽宗政和間蔡京爲相時，將外城徹底改建，原本利於防守的不規則外形，此時「一撤而方之如矩」（見《桯史》）了。政和六年時又將外城向南擴展，添築軍營及官署。總計外城周圍共二十一門，東面有五門，由北而南依次爲「善利門」（又稱「東北水門」），爲五丈河水門：「新曹門」（又稱「含輝門」）；「新宋門」（又稱「朝陽門」）；「通津門」；「上善門」；後二者實爲跨汴河兩岸一大城樓之二門，合稱汴河「東水門」。南面有五面，自東至西依次爲「陳州門」（又稱「宣化門」），通陳州；「普濟門」，爲蔡河水門；「南薰門」；「廣利門」，爲蔡河水門；「戴樓門」（又稱「安上門」）。西面有六門，自北而南依次爲「咸豐門」，爲金水河水門；「固子門」（又稱「金耀門」）；「萬勝門」（又稱「開遠門」、「通遠門」），通萬勝鎮；「利澤門」（又稱「宣澤門」）；「大通門」，此與「利澤門」均爲汴河西水門，位於汴河北、南岸，與汴河東水門之「通津」、「上善」二門情況相同，原俱名「大通」，熙寧十年始分名之；「新鄭門」（又稱「順天門」）。北面有五門，由東至西依次爲「陳橋門」（又稱「永泰門」），通陳橋鎮；「新封丘門」（又稱「景陽門」）；「新酸棗門」（又稱「通天門」）；「衛州門」（又稱「安肅門」），通衛州；「永順門」，爲五丈河水門。

以上敘述了汴京宮城、裡城、外城之修築、城門及歷代變遷等相關問題。以下敘述汴京的水系。

汴京自南而北有蔡河、汴河、五丈河、金水河四條河川流經。據《東京夢華錄》卷一「河道」的記載，蔡河是：

自陳蔡由西南戴樓門入京城邐繞，自東南陳州門出。

乃流經汴京外城南壁，又稱惠民河。其上自東南的陳州門裡算起，有觀橋、宣泰橋、雲騎橋、橫橋子、高橋、西保康門橋、龍津橋、新橋、太平橋、糶麥橋、第一座橋、宜男橋及戴樓門外的四里橋等十三座橋。

汴河是汴京最主要的一條河道，東南地方的物資，均由此而入京。此河貫串汴京城的中央，穿過外城與裡城，通過汴京城中最繁華的地區，自西北

向東南流去。汴河因為是引黃河之水，是以多泥沙，常苦淤塞，因此每隔三年就要疏濬一次；以其負擔了每年六百萬石的糧食運輸，故此疏忽不得。汴河上從東水門外七里的虹橋算起，有順成倉橋、便橋（此橋已在東水門內）、下土橋、上土橋、相國寺橋、州橋、浚儀橋、興國寺橋、太師府橋（太師謂蔡京）、金梁橋、西浮橋、西水門便橋到門外的橫橋共十四座。據《東京夢華錄》云，虹橋、上下土橋均是「無柱」、「以巨木虛架」、「宛如飛虹」的橋樑，以利運送糧食、貨物的大船通過。如此則其間的順成倉橋亦當為虹橋，否則即當如「便橋」般，為可以臨時解開或搭起的船橋。不然，運送貨物的大船仍是無法航行於汴河上的。

　　五丈河也是汴京重要的河運管道，又名廣濟河，由汴京城北部穿過。此河運輸京東的漕糧入京，據《王文正公筆錄》云，於宋初，因為東南未定，故此河負擔了運送京東糧食的重任，每年達「百餘萬石」。直到東南已定，南方米糧藉汴河入京師後，五丈河的重要性才漸為次要，然每年仍負責山東、河北地區的糧運入京。河上自西向東有小橫橋、廣備橋、蔡市橋、青暉橋、染院橋等五座橋。

　　金水河自汴京城的西南方蜿蜒而北，於汴河上以高架河道方式越過汴河，而由汴京城西北方入城，東入於五丈河，並流入大內，為汴京城用水的主要來源。徽宗時建「延福五位」、「延福六位」、艮嶽，即由金水河引水，鑿景龍江，直流至艮嶽。金水河上，據《東京夢華錄》的記載有白虎橋、橫橋、五王宮橋三座橋。景龍江上則有景龍門橋、天波門橋二者，不過這已是屬於新展禁宮的範圍了。

　　除了上述四條河川之外，汴京三重城牆，其外均有護城河，當時稱之「護龍河」。闊達十餘丈，汴京的四條河川除了金水河直接通入五丈河之外，每一條河經由護城河，彼此間也能互相聯繫，構成了汴京城內一個完整的網狀水系。

　　以上通過對汴京城池與河川的介紹，當可對汴京客觀的地理環境有一瞭解。汴京與唐代長安、元代大都不同，它不是一個全新規劃、齊整的城市，而是由一個小縣城因緣際會成為國都的。因此，汴京城曾經擴建多次，城中的街道也不像一個規劃過的城市般整齊。事實上，汴京屢次的擴建，都是迫於人口等方面的壓力，做補救性質的拓展。是以不僅街道常有斜街或丁字交叉，而且政府機關、民居、商業區、甚至宮殿，都互相混雜在一起。然而，由此亦可以看出，直到北宋末為止，汴京是一個不斷在成長、擴大的都市。

這我們可以由前述汴京城的建置、沿革部分，得到更清楚的印證。在國防上，汴京的自然地理形勢雖然不好，無險可守，但歷代的統治者為此天然的缺陷也做了人為的補強。像是汴京重重的城牆、護城河，完善的水利網，這都是下了極大工夫的。汴京城的宮城處於全城中心，外包以裡城，再外又包以外城；這也是很特別的，像唐代的長安、洛陽諸京城，均是將皇帝所居的內宮置於全城之某一方（通常是北方或偏北方）。像這樣皇城在首都正中央的，在宋以前可謂少見。不過，這實在也是受限於地理環境的過分平坦、無險可守，只好以人為的城池做為皇城的屏障，這大概是在無可奈何情況下的一種變通吧！然而相較於因為位居水陸交通中心，而可以不必掛慮食、用、經濟方面更為緊迫的問題，這還是值得的。

第二節　市政建設

在本節中，是以汴京的城市管理為重點，包括行政組織、城防、治安、水利、道路、社會福利與救濟等。茲敘述如下。

一、行政組織

北宋汴京與唐代長安不僅城市形貌有異，就是在城市的管理上也有所不同，長安的里坊制度到了宋代成了廂坊制，「廂」是汴京新的基層管理單位。唐代汴州本是由開封、浚儀（真宗大中祥符年間改稱祥符）兩赤縣來管理汴京近畿地方的民事、徭役。二赤縣以御街為界，東屬開封、西屬浚儀。至於汴京內、外城及近郊則直屬開封府及三司、左右軍巡院管理，二者似有重疊處，然大抵來說，汴京城內的事務一般均由開封府受理。二赤縣的權限越來越小，到最後竟至無復有權力了。現欲敘述汴京之廂坊，即合二赤縣所轄者而言之，可分為內城、外城、附郭三部分。內城有左軍第一廂，轄二十坊；左軍第二廂，轄十六坊；右軍第一廂，轄八坊；右軍第二廂，轄二坊。外城有城東左軍廂，轄九坊；城南左軍廂，轄七坊；城南右軍廂，轄十三坊；城西右軍廂，轄二十六坊；城北左軍廂，轄九坊；城北右軍廂，轄十一坊。附郭有京東第一、第二、第三廂、京南廂、京西第一、二、三廂、京北第一、二廂，共轄十四坊。由上面廂與坊數的比照，可知汴京超過百萬人口〔註4〕的

〔註4〕關於汴京的人口，以極盛期（北宋末）來說，據周寶珠的推測，達一百五十

分布可能很不規則，故每廂所轄坊數有這麼大的差別。

　　坊是城市管理的最小單位，每坊設坊正一名。坊上為廂，廂中設都所由、所由、街子、行官、書手、廂典等官吏，除都所由、廂典、書手固定為每廂一名外，其餘所由、街子、行官視廂中人口、坊數多少而定其數目。每廂又直屬於開封府，形成一金字塔型的管理體系。此種體系極為嚴密，對人民的控制十分徹底。另外，據《春明退朝錄》卷上云：

> 京師街衢，置鼓於小樓之上，以警昏曉。太宗時，命張公泊製坊名，
> 列牌於樓上。

則每坊均有書有坊名牌額的小鼓樓。而鼓樓在「以警昏曉」之外，當也負起一部分治安的責任。

二、城　防

　　在汴京的城牆修治、防衛上，據《東京夢華錄》卷一「東都外城」述新城之城牆云：

> 每百步設馬面、戰棚。密置女頭，旦暮修整，望之聳然。

所謂「馬面」，據陳規《守城錄》卷二「守城機要」云：

> 馬面，舊制六十步立一座。跳出城外，不減二丈，闊狹隨地利不定，
> 兩邊直覷城腳，其上皆有樓子，所用木植甚多。

是一種突出城外的小城樓。至於「戰棚」，據《夢溪筆談》卷十一「官政」云「戰棚」為：

> 以長木抗於女牆之上，大體類「敵樓」，可以離合。設之，頃刻可就，
> 以備倉卒。城樓摧壞，或無樓處受攻，則急張戰棚以臨之。

則是一種活動牆，以板拼築成，故「頃刻可就」。「女頭」即是「女牆」，是城牆上呈凹凸型的小牆。這些「馬面」、「戰棚」、「女頭」皆為有力的防禦工具，這和宋太祖有意將外城弄成不規則形一樣，都是著眼於國防上的需要。另外，在城牆上每隔二百步還有一個「防城庫」，貯放守城兵器，由兵士二十人衛護之。

　　在城門方面，除了南薰門、新鄭門、新宋門、封丘門外，餘皆「甕城三重」。所謂「甕城」，即是在原城門內外再加以一弧型的城牆。這也是基於防

萬人左右。吳濤亦云在一百四十萬人左右。可參考周寶珠著《宋代東京開封府》，河南師大學報，1981 年 12 月出版；吳濤著《北宋都城東京》，河南人民出版社，1984 年 8 月出版。

守的需要而設的。至於河上之門，如汴河上水門，因汴河掌握了京城運輸的命脈，而有嚴密的防守設施，如《東京夢華錄》卷一「東都外城」所記，云東水門有「鐵裏窗門，遇夜如閘垂下水面」，以避免有人趁夜從水路潛進汴京。而水門外尚有「枴子城」，「夾岸百餘丈」，以保護水門與河道安全。以上所述，為汴京城的防衛措施。

三、治　安

汴京的治安除了前述每坊的基層管理外，據《東京夢華錄》卷三「防火」云：

> 每坊巷三百步許，有軍巡鋪屋一所，鋪兵五人，夜間巡警，收領公事。

則相當於今日的派出所，掌管治安及防火。這些軍巡鋪由「都巡檢」管轄。「都巡檢」相當於分局長，由「三司」（又稱「三衙」，即殿前司、馬軍司、步軍司）中高級將領擔任。三司所轄禁軍，達三萬至二十萬人，通常亦有十萬人，負責京師的警備工作。皇城的警備則由皇城司負責。

在刑案的審理方面，普通是由開封府受理，至於較重大的刑案，則由「東衙」，即位於城東的糾察司來負責辦理。據《醴泉筆錄》卷下的記載，

> 京師西門外立尉專決鬥競事，城裡外悉府尹主之。每三大節他官皆
> 有休假，唯府事愈多，節日清明尤甚，鬥競至數百件。

可知人人有爭競之事時，還是多找開封府解決，節日時竟至有數百件訴訟，可見開封府事務之繁忙了。據《燕翼詒謀錄》卷二云，於太宗淳化三年五月辛亥，即置「理檢司」，後改名為「登聞院」。這是一個人民可以直接告狀的所在。並在禁門外置鼓，人民有冤，即可擊鼓鳴冤，稱為「鼓司」，又叫「鼓院」。真宗景德四年五月九日，更名「登聞鼓院」。給人民一個上訴的管道，以達下情。這對民情的宣洩乃至治安情況的改善，都該有其正面的意義。

在防火方面，據《東京夢華錄》卷三「防火」云，除了坊巷中相隔三百步即有「軍巡鋪」隨時警戒外，「又於高處磚砌望火樓，樓上有人卓望」，其下並有駐軍百人，以及一應防火、滅火器具，如「大小桶、洒子、麻搭、斧鋸、梯子、火叉、大索、鐵貓兒之類」。一有火警，立即奔報廂主，即刻撲滅，而無須勞動百姓。《東軒筆錄》卷十亦云：

> 京師火禁甚嚴，將夜分即滅燭。

因此就連士庶家欲於庭中祭拜，要焚燒紙錢，也必須先和廂中官員報備。不過

這只限於屋外而已，在屋內似無此限制，汴京人家儘多通宵點燈燭者，經過門窗簾幕的遮掩，外界恐亦無從得知。《道山清話》則記載了當時京師多火災，因為若是找不到火首，則廂中主事者便要坐罪丟官，故不肖之民每每放火燒自己家，以中傷官吏。後來邵亢知開封府時，探得其情，才修改法令；若是延燒及旁家，火首失捕時才要坐罪，「自是絕無遺火者」。大抵因為法令嚴格，防火、滅火措施完善，所以汴京的火災發生率不高，即發生火災，亦能迅速撲滅。後來南宋的臨安，其防火措施，就比不上汴京了。倒是宮禁中曾發生大火，據《蓼花洲閒錄》的記載，在眞宗大中祥符八年四月二十三日夜至二十四日，於王宮中發生大火，「東宮六位一時蕩盡」，燒掉了中書、門下、秘閣史館、內藏庫等，「燒毀屋舍計二千餘間，救焚而死者千五百人」，可見火勢之大。另外如玉清昭應宮、上清儲祥宮也都在仁宗時燒毀。大概就因為幾次宮中、政府機關的火警，讓北宋政府警覺到防火的重要，是以北宋的各項防火措施也特別完善了。

在汴京的治安狀況方面，則沾染了一切繁華大都市的特性－犯罪率高。據《燕翼詒謀錄》卷二，宋初太宗時以嚴刑峻法來扼制犯罪。淳化二年閏二月己丑，太宗詔曰：

> 相聚蒲博，開櫃坊屠牛馬驢狗以食，私銷銅錢為器用，並令開封府
> 嚴戒坊市捕之，犯者定行處斬，引惹不以聞與同罪。

法令極是嚴格，意在「塞禍亂之源」，避免由小惡而為大患。可是後來法則漸輕，一方面都市也漸繁華，遊手好閒者日多，汴京治安乃日走下坡了。據《避戎嘉話》記載，到了北宋末年金人圍城之後，汴京幾乎陷入無政府狀態，「軍民百姓，聚眾殺人」，比比皆是。《避戎嘉話》作者石茂良以為：

> 蓋京師承平之久，無知小民游手浮浪最多，平居除旅店外，多在大
> 房浴堂櫃房，雜處里巷，強梁不在數也，乘此擾攘，聚眾作亂。

則殺人作惡之事在國家衰亂時一口氣全數迸發出來，然其禍因實已伏於承平之日。《老學庵筆記》卷六也記載了汴京的歹人，犯案之後，多藏匿於下水道中，甚至還將婦女擄至其中。這種情形，「國初至兵興常有之」。這也可以想見，汴京在日趨繁華之後，社會治安墮落、敗壞之情，因此在國勢危急時，乃盜賊蠭起了。

四、水 利

汴京城中有四條河道流經其間，同時負責了運輸上的重任，是以河道的

疏浚，就成爲政府一項例行工作。拿最重要的汴河來說，宋初時猶爲每年一浚，而到眞宗祥符中，已爲三年一浚。可是到後來，竟有二十年不浚的記錄。造成河道淤積，河床年年昇高。據《聞見近錄》的記載，

> 汴河舊底有石板石人，以記其地里，每歲興夫開導，至石板石人以爲則。

然因後來浚河之政荒廢，導致泥沙年年堆積，其石板石人恐怕早已不見蹤影，只見隄防年年加高了。到神宗時爲了徹底解決問題，於是改引洛水入汴，由於洛水較清，河水的含沙量才大大減少，進而提高了汴河的運輸能力。據《王文正公筆錄》云，於宋初時，宋太祖於每年春初農閒時浚五丈河，所徵調的役夫一人「日給米二升」，這也成爲日後浚河役夫之定式。由於河運掌握了汴京的經濟命脈，保持河運的暢通、疏通河底的泥沙，實是政府重要的課題。也正由於河運對汴京如此重要，是以宋太祖以汴河、惠民河（即蔡河）、五丈河三川爲三帶，誇於錢鏐（見《東齋記事》、《孔平仲談苑》）。這三河負責了汴京數百萬石糧食消費及日用物資，每年十月以後，天寒河水冰封，又不得行船，則在有限的八、九個月內要運送這麼大量的貨物，則河運之繁忙可知。故於疏浚河道問題，也成爲汴京政府長久而不可避免的頭號大事了。

在排水方面，也是一個城市的大問題，汴京地勢西北高而東南低，城中汴河的走向亦由西北而至東南，故汴河也負起了京城排水之責。據《聞見近錄》云：

> 京師內外有八水口，泄水入汴，故京師雖大雨，無復水害。

《老學庵筆記》卷六也記載了汴京的「溝渠極深廣」，甚至可以住人，亦可見汴京下水道極有規模。據《續資治通鑑長編》卷一○四的記載，汴京新舊城溝渠有二百五十三條之多，且由巡吏時時巡邏，防止民眾亂丟垃圾。《東京夢華錄》卷三「諸色雜賣」則云：

> 每遇春時，官中差人夫監淘在城渠，別開坑盛淘出者泥，謂之「泥盆」，候官差人來檢視了方蓋覆。

可見其於溝渠、下水道排水之重視。

汴京四河中，汴河、五丈河、蔡河負責運輸之重任，汴河尚兼負排水之責。至於金水河，則爲城中飲水、用水之來源。據《汴京遺蹟志》卷七的記載，宋初乾德三年即引金水河入皇城後苑，供應宮廷之用水。眞宗大中祥符二年，又：

決金水，自天波門至乾元門，歷天街東轉，繞太廟，入后廟，皆甃
以礲甓，植以芳木。車馬所經，又疊石爲閘梁，作方井，宮寺、民
舍皆得汲用。復東引，由城下水竇入於濠。〔註5〕

可知金水河所引渠道，在太廟之西爲明渠，之東爲暗渠，其上有井，負責了
城中飲水的問題。

　　以上所述，即北宋政府在汴京水利、河川管理上的一些措施。可以看出，
北宋時汴京四河的重要性及政府對其之重視。而河政也是北宋歷代皇帝的重
要事務，未可輕忽，也因此，水利在市政建設中成爲一重要環節；而北宋政
府於此所做的努力，平心而論，也是有不小貢獻的。

五、道　路

　　汴京的城市建置並不像唐代長安那麼規整，街道亦不像長安城中的那樣
橫直有序。由於汴京是從地方縣城逐步擴建的，城中街道有的斜角交叉，有
的爲丁字路；其寬度亦闊窄有別。最寬的如宣德樓前的御道，據《東京夢華
錄》卷三云，闊達「二百餘步」，則寬度在一百四、五十公尺，可謂驚人。不
過，這當僅限於宣德樓前的一小段御道而已。汴京的其它街道，在汴京城人
口眾多、寸土寸金的情況下，是不可能如此寬闊的。汴京的主要幹道除了南
出朱雀門、南薰門的御道之外。向東有直通宋門往宋州的東大街，通曹門的
曹門街（潘樓街）。向西有直出梁門的梁門大街（踴路），直出鄭門的麯院街
（西大街）。北有直出封丘門的馬行街。這幾條均是汴京向外陸路交通的主要
幹道。由於北宋汴京商業發達，市民（尤是是商人）以鋪席等違章建築侵街
的情形嚴重；再加上汴京人口眾多，庶民百姓每於「後街或閑空處，團轉蓋
局屋，向背居住」（見《東京夢華錄》卷三「諸色雜賣」）因此，可以想見，
除了幹道之外的汴京街巷，必是十分狹窄。周煇《清波別志》卷下所云「京
師街衢闊闊，東西人家有至老不相往來者」的情形，恐怕只有御街是如此。
即如張擇端「清明上河圖」中所繪汴河旁的街道，寬度也不過在十五公尺左
右，那麼一般的街巷，其兩壁間的距離當更爲狹小了。

　　汴京的街道雖嫌擁擠、紛亂，但北宋政府在都市的建設及綠化工作上，
卻有不錯的成績。政府還有街道司專門負責道路修治，城中則樹木林立。據

<hr>

〔註5〕《汴京遺蹟志》卷七以爲此係眞宗大中祥符二年時事。然《續資治通鑑長編》
　　　卷一〇四則云在仁宗天聖四年。

《東京夢華錄》云,在護城河內外,「皆植楊柳」(卷一)。「城裡牙道,各植榆柳成蔭」(卷一),新鄭門外瓊林苑的牙道且「皆古松怪柏」(卷七),寶津樓南橫街牙道,則或植柳樹,或植梧桐(卷七),兩旁且皆有園圃台榭。再如御街,其路心御道兩旁的御溝,據《東京夢華錄》卷二云,其中且「盡植蓮荷,近岸植桃李梨杏」。而在春、夏花開的時候,「望之如繡」,其美麗可知,亦能見出北宋政府於汴京市政建設的用心。

六、社會福利與救濟

北宋政府有一頗為難得之處,即其對於社會救濟、社會福利相當重視。仁宗嘉祐七年,曾「詔開封府市地于四郊,給錢瘞貧民之不能葬者」,神宗元豐二年,詔「給地葬畿內寄莩之喪無所歸者,官瘞之」(見《陔餘叢考》卷二十七所引)。《卻掃編》卷下中,作者徐度亦云其外祖於神宗元豐間葬開封無主遺骸八萬餘,「每三十為坎,皆溝洫什伍為曹,序有表,總有圖」,又「規其地之一隅以為佛寺,歲輪僧寺之徒一人,使掌其籍焉」。到了徽宗時,蔡京將其制度確立,據《清波雜志》卷二云,當時

建居養、安濟、漏澤;貧有養,病有醫,死有葬。

「居養院」專門收容孤身的老人,又叫「孤老院」,相當於今日的養老院。「安濟坊」則是養民之貧而病者,一次可由之給養長達二年,相當於今日的免費貧民醫院兼收容所。「漏澤園」則是免費的貧民公墓。由此可見,社會救濟與福利的構想,在北宋已落實,成為制度。當時不只汴京,各州縣均有「居養院」、「安濟坊」、「漏澤園」。然而,這種算得上相當進步而人道的措施,卻在當時飽受譏評。「漏澤園」被譏為「不管活人,只管死尸」;「居養院」、「安濟坊」則被譏為「不養健兒,卻養乞兒」。且後二者又因為「雇乳母及女使之類,資給過厚,常平所入,殆不能支」(見《清波雜志》卷二),所以後來廢置。

在醫藥方面,據《清波雜志》卷十二的記載,云:

神宗朝創置賣藥所,初止一所。崇寧二年,增為五局,又增和劑二局。

像這一類藥局,本意在福利中下層人民,所以用一般價格的三分之二來供應藥材,而稱為惠民藥局。開始實施時,每年戶部都要多支出數十萬錢(據《癸辛雜識別集》卷上)。但到後來,或許因為銷售量大增,或是改進了銷售方法、價格,而於徽宗時變成「歲得息錢四十萬」(見《清波雜志》卷十二)。故有

以爲其已失惠民之本意。同時，此制度施行至徽宗時，也出現了一些弊端，如《癸辛雜識別集》所載，儲吏、藥生盜藥；藥劑爲朝士、有力者優先取得，而未能分毫及民；甚至於藥方本身有毛病的技術問題等等皆是。因此頗爲時人所病。另外，據《鐵圍山叢談》卷六云，在政和間，徽宗曾在上清寶籙宮前設有兩處藥亭，

　　　　左曰仁濟，給藥治疾苦。右曰輔正，主符水除邪鬼。因遂詔海內，

　　　　凡藥之治病彰彰有聲者，悉索其方，書而上之焉。

此種給藥救濟的方式當然不甚科學，但在將近一千年前的北宋汴京，倒也達到了不少治病的效果。

　　從以上有關「居養院」、「安濟坊」、「漏澤園」、「惠民藥局」等的記載，可以知道在北宋時社會救濟與福利已經頗有成績，尤以宋徽宗時爲然。但是，這些措施卻一再遭到時人的抨擊，即使在後世，也沒有人給予應有的肯定。平實而論，如徽宗時的社會福利、救濟措施，是一種很好、很進步的構想。不幸的是，它出現的時機不對，正在宋金對立、交戰之際。更不幸的是，這些措施在執行時，出現了一些人爲或是技術性的缺失，故而只落得譏評而終的下場了。然而，對於北宋政府此種照顧貧苦中下階層民眾的舉措，姑不論其成效與結局，單只這份心意，即不能將之完全抹煞。

　　以上敘述了汴京的地理形勢及市政建設。地理形勢的敘述又分建置沿革與城池河川二部分。第一部分，以汴京從一個縣城逐漸發展成百萬人以上之全國、甚至全世界第一大都市的經過，爲敘述重點，意在對於汴京的背景及其發展的事實，做一個完整的敘述。第二部分，則是對汴京的城制、河川等人爲或天然（實則汴京四河亦爲人工修築的運河，然此處將其視爲天然環境）的客觀環境做一概略的敘述。而在市政建設方面，則是從組織、治安、水利、道路、社會福利等等方面，來說明北宋政府對汴京的管理與建設。當然，若是要從上面地理形勢及市政建設所述的諸項目，而想求得北宋汴京一個鉅細靡遺、精確無誤的認識，那是不可能的。究竟一個城市的形成、發展以及有關城市本身的大大小小問題，並不是那麼容易說得清楚的。本文在此，也只是擇要敘述〔註6〕，冀能勾劃出汴京這座城市一個大概的輪廓。

〔註6〕譬如物價、幣制、專賣、賦稅等方面，問題不小而且專門。它們每項均可成爲一個專題。筆者限於時間學力，對於此問題的探究，只有留待後日了。

第二章　汴京人民的飲食

　　食是民生第一要事。中國人尤其注重食，認為「民以食為天」。而一般人見面問候，也多是問對方吃飽了沒有，由此可見「食」在中國人心目中的地位。在這種背景之下，中國菜的講究、味美，中國人的好「食」，自也就世界聞名了。而早在千年前的北宋，人們對「食」之一事的講究，其菜色的豐富、多變，可能就已不下於今日了。

　　為了探究北宋時汴京人們如何解決他們最重要的民生問題，本節乃分別從「食」與「飲」兩方面來說明是時汴京人們飲食的概況。

第一節　食

　　中國幅員廣大，南北方無論風土、氣候、習俗、民情均有極大差異。在「食」的方面亦然，因為水土、氣候影響了農作，所以古來即是「南人食米、北人食麵」，而有極顯著的不同。北宋的汴京，在當時是世界上最大的都市，人口達到百萬人之譜，不僅是北宋的政治中心，也是經濟、文化的中心。市中包含了全國東西南北各地人士，或為官於此，或來趕考，或來經商，或來此謀生。這些南腔北調之人同處一地，自然形成了生活與文化互相交流而多采多姿的情況。「食」在汴京，亦是如此。具有各地特色的食材、菜式，在汴京隨處可見；而飲食業者為了投合顧客所需，也在市區繁華衝要處開設各種食店，如相國寺北小甜水巷中即有許多「南食店」（見《東京夢華錄》卷三），在「食」的方面，為南人北來者一解思鄉之愁緒。

　　本文在此，分米麵主食、佐食、零食及其它四部分來說明汴京人民的各

項食品，至於一般歲時、季節性的食品，則參見後「歲時生活」部分。所述包括了從一般平民的日常所食至豪貴之家的山珍海味。由這些種類繁多、菜色豐富，絕不下於今日的各式食品中，也可以看出北宋汴京繁華的程度。

一、米麵主食

自古以來，中國人即以米、麵為主食。在汴京，以北方多種小麥，故而比較起來，麵食人口要多出米食人口。而不論貧富人家，其飲食容有精粗貴賤之別，但是以米、麵為主食卻是不變的。司馬光在《司馬氏書儀》卷十云祭時所用麵食：

> 如薄餅、油餅、胡餅、蒸餅、棗餻、環餅、捻頭、餺飥之類是也。

黃朝英於《靖康緗素雜記》卷二則云：

> 凡以麵為食具者，皆謂之餅。故火燒而食者，呼為燒餅。水瀹而食者，呼為湯餅。籠蒸而食者，呼為蒸餅。而饅頭謂之籠餅。

可知古人稱麵食品為餅。麵食品有許多種，在北宋汴京是極為普遍的食品，其中最為大眾化的，就是湯餅，據《能改齋漫錄》卷十五，湯餅即今日之煮麵。《歸田錄》卷二說明了「湯餅唐人謂之不托，今俗謂之餺飥」，而知湯餅、餺飥、不托實為一物，俱今之煮麵。《能改齋漫錄》卷十五和《緯略》卷十一，還記錄了湯餅的煮法，是置金錢數十，在「麵入湯之後，每遇一沸，必下一錢，錢盡而後已」，其要訣是「硬作熟溲，湯深煮久」。《演繁露》卷十五則言其食法為「手搏而擘置湯中煮之」。類似於今日之「麵疙瘩」。因湯餅最能「充虛解戰」（束晳〈餅賦〉），價格又便宜，故最為一般平民所歡迎。《萍洲可談》卷三即云在張昇尚未發達時，於立春日「共探懷得數十錢，僅能買湯餅，無錢致肉也，相與摘槐茁薦食而去」。由此又可知一般人吃湯餅，是要加以佐料的，且通常是以肉佐之，而張昇無錢買肉，乃以槐葉薦食。此外，《東京夢華錄》卷四云汴京食店中尚賣「冷淘」，亦麵食品，殆即今日之涼麵。

《東京夢華錄》卷四云：「凡餅店有油餅店，有胡餅店」，以油餅店較盛行，店中尚賣蒸餅、糖餅。汴京餅店以武成王廟附近的張家油餅及皇建院前的鄭家油餅最大且最有名，每家均達五十餘爐，可見盛況。所賣的蒸餅，因為避仁宗皇帝之名（趙禎），故呼為炊餅（見《青箱雜記》卷二）。蒸餅與籠餅皆是用蒸的，恐怕類似於今日的饅頭、包子，故黃朝英以籠餅與饅頭（宋時饅頭內有餡）為一物，然此二者可能並不是同樣的東西。說見於後。此外，

據《靖康緗素雜記》卷二的記載，尚有「畢羅」，又名「饆饠」，爲麵食之有餡者。據楊蔭深云，亦蒸餅之一類，即北方之饆饠（見楊氏所著《飲料食品》，收於《飲饌譜錄》中，世界書局，1983 年 10 月四版）。至於胡餅，則是在餅上著以胡麻，又稱麻餅（見《文昌雜錄》卷五）。《麈史》卷下也記載了盛度在從光州被貶往和州的路上「市胡餅十餘枚，貫以緡，貯水一葫蘆挂於鞍，行則啖之」。據此，則知胡餅可能較爲乾硬，如今日之燒餅。胡餅又或稱爲餬餅（見《靖康緗素雜記》卷二）。另外，據《靖康緗素雜記》卷二所云「火燒而食者」的「燒餅」，亦可能是類似的食品。此外，《東京夢華錄》卷四所述胡餅店賣「門油、菊花、寬焦、側厚、油碢、髓餅、新樣、滿麻」，未詳所指，然很可能是胡餅的名目〔註1〕。至於胡餅的食法，則可能是夾或捲著肉或菜而食的〔註2〕。

環餅，據《雞肋編》卷上云，即「饊子」，又名「捻頭」；古時名曰「寒具」。是油炸之麵食品，因可存放多日，適合在寒食之日食之，故乃稱之「寒具」。其物殆如今日之「炸麻花」。在社日時，皇官御廚亦造「大環餅」賜近臣，普通人家作「饊餅」，就生菜韭、豚肉而食，則饊餅或也是與環餅差不多的食品。據《東京夢華錄》的記載，汴京有許多包子、饅頭店，包子店如卷二，「宣德樓前省府宮宇」所云之「王樓山洞梅花包子」、「鹿家包子」，同卷「飲食果子」所云酒肆中賣「軟羊諸色包子、豬羊荷包」。饅頭店如卷三「大內西右掖門外街巷」所云之「萬家饅頭」、同卷「大內前州橋東街巷」所云之「孫好手饅頭」。以《東京夢華錄》中亦嘗言及蒸餅（卷四），則饅頭與蒸餅似不可能爲一物。《避暑錄話》卷下云章惇召僧淨端與飯，章食葷，端食素，而執事者誤置饅頭與「餕餡」（又名「酸餡」，《東京夢華錄》作「酸賺」），致章食餕餡而端食饅頭。由這段記載可知，饅頭、餕餡與包子一樣，裡面都是有餡的。而饅頭和餕餡外表可能極爲相似，要咬到餡才知不同，其不同處在

〔註1〕據鄧之誠注《東京夢華錄》卷二「飲食果子」云：「蒸餅亦曰炊餅、籠餅、數以扇計，即今饅頭。胡餅即燒餅有芝麻者。油餅爲起酥者。糖餅有餡。環餅即寒具，亦曰饊子。饆饠或即川陝鍋魁。側厚似是都中馬蹄燒餅。寬焦即薄脆。……夾子或即荷葉餅、空心餅之類。饅頭有餡，或以皮之厚薄與包子爲別。團子今北方鄉間蒸雜合麵若包子有餡，尚呼爲團子。湯餅即切麵。……」可以增進對此類食品名稱、演變之瞭解，故錄於此。
〔註2〕如《歸田錄》卷一載張齊賢以「天壽院風藥黑神丸……五、七兩爲一大劑，夾以胡餅而頓食之」。《老學庵筆記》卷一載集英殿宴請金國使者的菜單，第四盞即爲「白肉胡餅」，可見當時食胡餅必有所薦而食之。

於饅頭是葷餡，餕餡是素餡。至於北宋的饅頭與包子的差別，可能在其型製有異吧。《東京夢華錄》中載有「諸色包子」，《武林舊事》卷六亦有「細餡、糖餡、豆沙餡、蜜蠟餡、生餡、飯餡、酸餡、筍肉餡、麩蕈餡、棗栗餡」等，恐亦包子之屬。其種類繁多，不遜於今日。其中的酸餡可能即是「餕餡」，大概就是今日的花素包子。此雖南宋杭州的食品，然想來北宋汴京亦可能已有此種食品與食法了。

除上述外，據《東京夢華錄》卷四有餛飩店，《緯略》卷十一作「餫飩」，爲都人冬至所食，當與今日無異。而《武林舊事》卷六又有「餃子」、「角兒」，或即今日之餃子，又或於北宋汴京即有此種食品，則未可知。《東京夢華錄》有卷四「餶飿兒」，亦麵食品，形製不詳，存疑。

以上所述，爲汴京的各種麵食，接下來則就米食作一敘述。在汴京，食米者雖不及食麵者多，然每年入京的白米亦達六百萬石之譜。據《司馬氏書儀》卷十，米食「謂黍、稷、稻、粱、粟所爲飯及粢、糕、團、粽、餳之類皆是也」。可知當時黍、稷、稻、粱、粟皆可爲飯，此外尙有食粥者，所謂粥，即將穀物煮得熟爛，故又稱糜。南方人大抵以粥、飯爲主食，至於北方人恐僅偶一食之。據《東京夢華錄》的記載，市中有賣羊飯、生熟燒飯、煎魚飯、茶飯、水飯等，可見其於汴京亦稱得上頗爲普遍的食品。又據《仇池筆記》云「盤遊飯」，乃以鮓脯膾炙埋於飯中；《老學庵筆記》卷二記嶺南「團油飯」，則「以煎魚蝦、雞鵝、豬羊灌腸、蕉子、薑、桂、鹽豉爲之」（陸游以爲此即蘇軾所云之「盤遊飯」）；社日中鄰里相遺的社飯亦是將諸般佐料、食品「切作棋子片樣，滋味調和，鋪於飯上」；由此可知，當時汴京人所食的飯可能亦同樣是將諸般配菜均夾雜於飯中，如今日的油飯、燴飯之類。至於粥，一般以豆類同煮，亦不一定僅用米爲之，凡穀類均可，如《清波別志》卷上即記周煇使北回程時，於欒城道間食「豌豆大麥粥」；而蘇軾自定武赴嶺南經湯陰市上時，亦嘗食豌豆大麥粥，爲此還寫詩予其三子。以外，《丁晉公談錄》記每晨待漏院前賣「肝夾粉粥」，則內容較豐富了。而臘八所食之「臘八粥」則更爲果品之總匯。另外，《東京夢華錄》卷二有「水飯」，當亦粥之屬，但薄厚有異耳。除了飯、粥這些米食的主要食品外，如端午之粽子，社日之社糕，重陽之重陽糕等，則算是應時之較次要食品。大抵如糕、粢、餌之類的食品，均是將黍米碾碎蒸熟，其作法殆如今日之年糕。至於餳，乃爲極稠的麥粥，其稠的程度，竟可黏牙，則近於今日之麥芽糖了。

　　除了上述之外，汴京尚流行「羹」這種食物。《東京夢華錄》中有許多羹店及羹的記載，如宣德樓前御街之西的羹店，潘樓街上的徐家瓠羹，馬行街上的馬鐺家羹店，尚書省西門外西車子曲旳史家瓠羹，相國寺橋西的賈家瓠羹，均汴京著名者。羹在古時本專指煮肉濃湯，然後世用荬蔬爲之者亦稱爲羹了。如西晉張翰的「蓴鱸之思」，想念的就是蓴荬作的羹和鱸魚了。據《東京夢華錄》的記載，有「百味羹」、「頭羹」、「新法鵪子羹」、「三脆羹」、「二色腰子、蝦蕈、雞蕈、渾砲等羹」、「石髓羹」、「石肚羹」、「饒虀頭羹」等名目，可知北宋時，汴京此類食品樣式之多，已遠過前代。又據《高齋漫錄》云：「禪林有食不盡物，皆投大釜中煮之，名谷董羹」。則相當於今日之大鍋荬湯了。佛寺如此安排，倒也省事方便。《清異錄》卷四「十遠羹」且記錄作法：是用雞、羊、鶉汁再加上浸泡（預備置於羹中之）鮑魚、蝦、蕈的水相調和，加入鹽與醇酒同煮即成。這是極爲講究的吃法，至於一般人民或飲食店中可能就不這麼費事了。雖則如此，也可推知當時羹的作法，最重要且最見工夫的，就在其湯汁的熬煮了。

　　以上介紹了汴京的米、麵食及羹。如飯、餅之類的米、麵食品，很早就做爲人們正餐的主食了，北宋汴京時自也不例外。另外，據《野客叢書》卷三十云「世俗例以早晨小食爲點心」（亦可參見《能改齋漫錄》卷二）。又云早在唐代已有此語，可知在宋時稱早餐爲「點心」。《東京夢華錄》卷三記載了汴京酒店在每日清晨，即點燈燭沽賣「粥飯點心」。《丁晉公談錄》亦記每日早朝時，待漏院前「燈火人物賣肝夾粉粥」。由此可知，人們早餐多是食粥。張耒的「粥記」，更敘述了早餐食粥的好處，云「每晨起食粥一大椀，空腹胃虛，穀氣便作，所補不細，又極柔膩，與腸胃相得，最爲飲食之妙訣。」可知汴人於早餐食粥，實也是符合養生的需要的。

二、佐　食

　　汴京地處北方，氣候較爲寒冷，新鮮蔬荬極少，且較肉類還貴。《東京夢華錄》卷一「大內」云：「其歲時果瓜蔬茹新上市，並茄瓠之類新出，每對可直三五十千」。自非一般人所能享用，而爲皇室貴族之專利品。至於普通平民乃是將本地時鮮或外地運來的蔬荬醃製起來，如此則全年均可食用了。當然，也有的人家索性不吃蔬荬，如《老學庵筆記》卷七即記載了韓琦家「不食蔬，以脯醢當蔬盤」。所謂脯即肉乾，醢即肉醬。然一般來說，汴京人家仍多是以

各種調味品將菜保存起來。而食肆酒店亦作之，以備客索，此當是汴京極大眾化的食品。醃菜據《癸辛雜識續集》卷下，有「鹽菜」。《東京夢華錄》卷二「州橋夜市」，有「鹹菜」；同卷「飲食果子」，有「辣菜」。《甕牖閒評》卷六，有以糖醋漬之的「酢菜」。口味酸甜辣鹹，各有擅場。而又據《東京夢華錄》卷二「飲食果子」，酒店中有賣萵苣、生菜、筍，算是少有的蔬菜了。此外尚有辣腳子姜、辣蘿蔔、辣瓜兒等等，當亦其所謂「淹藏菜蔬」之屬。

北地天寒，人多肉食，這是因為肉類中所含的蛋白質和脂肪能提供人熱量抵禦寒冷。由《東京夢華錄》的記載，可知汴京人食肉量是相當可觀的。以豬肉來說，卷二「朱雀門外街巷」云：

> 民間所宰豬，須從此入京。每日至晚，每群萬數。

卷三「天曉諸人入市」云：

> 直至天明。其殺豬羊作坊，每人擔豬羊及車子上市，動即百數。

日食上萬頭豬，可謂驚人。汴人食豬肉，亦有多種不同作法。除做成乾脯、臘肉、醃醬外，據《東京夢華錄》云，尚有爊肉（即今之滷肉—據鄧之誠註《東京夢華錄》），白肉（當係白煮肉）、茸割肉（當係今之絞肉）、燒肉（即今烤肉，據《邵氏聞見前錄》卷一，記太祖與太宗嘗於雪夜至趙普家中「設重裀地坐，熾炭燒肉」，可以為證）、煎燠肉、薑豉（所謂薑豉，據《能改齋漫錄》云「今市中所賣姜豉，以細抹豬肉凍而為之，自唐以來有也」〔註3〕，《東京夢華錄》卷二「州橋夜市」中亦有「薑豉𩜐子」，可知即為豬肉凍切成薄片以食）等等。其於各種烹調手法的講究，比之今日，絕不遜色。而除了上述的豬肉之外，汴人於羊肉的消耗，亦不在少。《鐵圍山叢談》卷六即記御膳宴中有「旋鮓」，就是羊肉醬。《甲申雜記》亦記御膳中有「羊乳房」、「羔兒肉」。《東京夢華錄》中，也多有賣羊肉食品的記載，如「羊飯」、「熟羊肉」、「羊頭簽」、「乳炊羊」、「炰（炖）羊」、「鬧廳羊」、「虛汁垂絲羊頭」、「入爐羊」、「羊腳子」、「點羊頭」、「軟羊」、「軟羊麵」等，堪稱名目繁多。而據《能改齋漫錄》卷十二的記載，則當時尚有食驢肉者。又《曲洧舊聞》卷七云京師「有以屠狗為業者」，則為食狗肉。大致說來，除了少數的特例，這些肉類的烹調方式是無太大差別的。此外，汴京人對於動物的內臟也有偏好，如《東京夢華錄》卷二「州橋夜市」中有「肚肺」、「腰腎」、「雞碎」、「煎羊白腸」、

〔註3〕 此條係《永樂大典》卷七千三百二十八所引逸文，見《能改齋漫錄》562頁，木鐸出版社出版。

「抹臟」、「豬臟」，卷二「東角樓街巷」有「赤白腰子」、「嬭房」、「肚胘」，卷二「飲食果子」有「角炙腰子」、「荔枝腰子」、「還元腰子」、「燒臆子」、「金絲肚羹」、「石肚羹」、「生炒肺」，卷三「馬行街鋪席」有「豬胰」、「灌腸」、「煎肝臟」等等的名目，或許我們不能明確知道究竟是如何吃法。但是由這些琳瑯滿目的名字中，也可以看出中國人這種特殊的口味，在千年前的北宋即有如此的發展，令人不得不驚歎於此習由來之久遠了。

若依據《東京夢華錄》所述，則比較起來，汴人於家禽似乎並無對肉類那般大的興趣。全書中，家禽類食品並不多見。僅在卷二「飲食果子」提及「鵝鴨簽」、「雞簽」、「炙雞」、「燘鴨」、「炒雞兔」等，亦只能略見出當時之食法，可能不及今日之變化多端。至於在山產野味方面，卷二「州橋夜市」云王樓前賣「獾兒野狐肉」、卷二「東角樓街巷」云潘樓下早市於清晨時有賣「鵪兔鳩鴿野味」、卷二「飲食果子」則云酒店中賣「盤兔、炒兔、蔥潑兔、假野狐」、「獐巴、鹿脯」等，由上可知當時各類食材之豐富，而給予了汴京市民在食方面，有充分選擇的自由。

汴京因為地處內陸，並不靠海，所以海錯一類的食品在當時亦多屬於奢侈品，只有上層階級的富戶或達官貴人才吃得起。雖然市面上如酒肆食店亦有賣這類海味。但一般平民恐怕也只能偶爾去吃吃罷了，是不可能作為日常食品的。《避暑錄話》卷下就記載了在北宋初「京師無有能斫鱠者，以為珍味」。而僅有梅堯臣家有一老婢能為之，故而歐陽修、劉敞諸人想吃魚膾時，必定自己帶了魚去梅家；梅堯臣若是買了魚，也必定等諸人來同吃。可知在北宋初，由於物以稀為貴，遂導致了魚、蝦、鱉、蟹、蛤蜊這些水鄉地區的平常食品，成了汴京的珍饌，更別提江瑤柱、河豚、石決明這些貴重食品了。北宋時，甚至以這些東西作為南方沿海州縣貢上的物品。《後山談叢》卷二乃將登萊的鰒魚（即石決明，今稱「鮑魚」），閩越的江瑤柱與洪州的雙井、紹興的日注茶相提並論，以為「莫能相先後」。在《東京夢華錄》中，則並未看到關於江瑤柱的記載，大概此物太過貴重，貢於上者不多，能流出市面上的更是絕無僅有了。然據《東京夢華錄》卷二「飲食果子」記有「決明兜子」、「決明湯虀」，殆為石決明，惟不知其作法。至於螃蟹、蜆、蛤等物，汴京人原是不吃的（見《清虛雜著補闕》）。可是到了北宋末，此物已多見於街巷市集中。如《東京夢華錄》就記載了在東華門外、潘樓酒店下、馬行街的攤販，已均有賣此物了。又據《東京夢華錄》卷二「宣德樓前省府宮宇」云，在景靈東

宮南門附近有「青魚市內行」，卷四「魚行」云每日早晨在新鄭門、西水門、萬勝門，均有數千擔生魚入門。而即使多天從遠處運魚來京師賣（謂之「車魚」），每斤也用不上一百文錢便可買到。由此可知，在北宋末由於外地的鮮魚大量販至汴京，遂使汴京魚價大跌，魚類也漸漸成為汴京人民較普遍的食物了。《清虛雜著補闕》中的一則記載，正可為此情況作一註腳，云：

> 蔡君謨重鄉物，以子魚為天下珍味，嘗遺先公，多不過六尾。云所與者不過諫院故人二三公耳。今子魚盛至京師，遺人或至百尾，由是子魚之價減十倍。

這是海鮮之物由「物以稀為貴」轉而至「供過於求」的好例子。短短數十年間，子魚之價竟有十倍的差距，真有生時幸與不幸之歎了。

據《東京夢華錄》所記有關海鮮類的食法，卷二「州橋夜市」有「鱔魚」、「鮓脯」、「爛凍魚頭」，卷二「飲食果子」有「貨鱨魚」、「沙魚兩熟」、「紫蘇魚」、「犯鮓」〔註4〕、「玉板鮓」、「煎魚」等名目，雖未必即能推知其作法，但是可以確定，北宋時對魚肉的料理雖已有相當的水準，但其大體是用處理肉類的方法來處理魚。如此一來，魚之鮮味是否猶存，頗值得懷疑。而在蝦、蟹、蛤蜊方面，則有「炒蛤蜊」、「炒蟹」、「煠蟹」、「酒蟹」、「薑蝦」等作法。據《清虛雜著補闕》云，蜆蛤在「錢司空」〔註5〕之後方成為汴京之珍饌。而因為宋初此物京師少有，故更珍貴。為此錢氏乃「以蛤蜊為醬，於是海錯悉醃，以走四方」。這是將海物製成醬，以便久存及攜帶，也算得上是此類食品一種特別的食法。北宋時還有一種珍貴食品，即河魨，蘇軾且以為食河魨值得一死。這是因為此物雖味美，然有劇毒，調理不善，即有可能致人於死。《明道雜志》云烹煮河魨「但用蔞蒿、荻筍、菘菜三物」，以為這三者最為適合。大體來說，海鮮一類的食品，在汴京算是較為貴重的，大概也是因為這個緣故，在市面上遂有賣假河魨、假元魚、假蛤蜊者（見《東京夢華錄》卷二「飲食果子」）。雖然名曰「假」，然其味道鮮美，較之正牌的河魨、元魚、蛤蜊，恐亦不遑多讓。據《明道雜志》云，假河魨「是用江鮰作之，味極珍」，也算得上是名貴的食品，為盛會所不可缺者。至於假元魚、假蛤蜊，則不知以何物冒之。但不論如何，其味道應不至於差太遠才是。據《老學庵筆記》卷一

〔註4〕 「犯鮓」，《清波別志》卷下作「把鮓」，即今之蝦米。且云此物運輸入京途中，受侵於風沙，有敗者。「乃以水渥小便浸一過，控乾，入物料，肉益緊而味回」。
〔註5〕 「錢司空」不知為何許人，或為錢昆、錢易兄弟中之一人。

記載南宋時在集英殿款待金國使臣的國宴上，就有「假圓魚」（即東京夢華錄之「假元魚」）、「假沙魚」二道菜。可見所謂「假」者，也並不盡是些上不得檯盤的東西。

三、零　食

　　此處所說的零食，是指在正餐之間，只爲略塡肚子，稍作品味的少量食物，汴京市上有許多賣這類食品的攤販店肆，當時稱此類食物曰「雜嚼」，即今日之「小吃」。《東京夢華錄》卷二「州橋夜市」云：

　　當街水飯、爊肉、乾脯。王樓前獾兒野狐肉、脯雞。梅家鹿家鵝鴨雞兔、肚肺、鱔魚、包子、雞皮、腰腎、雞碎，每個不過十五文。曹家從食。至朱雀門，旋煎羊白腸、鮓脯、燗凍魚頭、薑豉剗子、抹臟、紅絲、批切羊頭、辣腳子薑、辣蘿蔔。夏月麻腐、雞皮、麻飲、細粉、素簽、沙糖冰雪冷元子、水晶皂兒、生淹水木瓜、藥木瓜、雞頭穰、沙糖菉豆、甘草冰雪涼水、荔枝膏、廣芥瓜兒、鹹菜、杏片、梅子薑、萵苣、筍、芥辣瓜兒、細料餶飿兒、香糖果子、間道糖荔枝、越梅、鋸刀紫蘇膏、金絲黨梅、香棖元，皆用梅紅匣兒盛貯。冬月盤兔、旋炙豬皮肉、野鴨肉、滴酥水晶鱠、煎夾子、豬臟之類。直至龍津橋須腦子肉止，謂之「雜嚼」，直至三更。〔註6〕

可知在朱雀門與龍津橋之間的州橋夜市，即爲各式小吃匯聚之地。其所賣物品，依季節之異，而有不同，卻也都能一飽汴人之口腹。而像這一類的地方，汴京還有許多處，如皇城東南角外的潘樓酒店下、舊封丘門裡的馬行街夜市，也都是著名賣小吃之處。除了這些固定地方外，在各酒店中，乃至於大街小巷中流動叫賣的攤販，也爲市民們供應了看似多餘，實不可少的小吃、點心。

　　歸納當時汴京的小吃、零食，可以有瓜果、蜜餞、甜食及各種鹹食小菜，如內臟、薑豉等。茲分別敘述之：

　　在瓜果蜜餞方面，汴京的新鮮水果與蔬菜一樣難得而昂貴。北方固然也有一些溫帶水果，但是究竟不如南方熱帶水果之多樣與可口。是以在北宋時，

〔註6〕這些食品的斷句，至今猶未有定論，鄧之誠《東京夢華錄注》與上海古典文學出版社於1956年所出版的《東京夢華錄》重新標點本，就有許多不同，這也是全書最難解決的部分。

許多州縣均須進貢當地水果至京師。如《燕翼詒謀錄》卷五云：

> 承平時，溫州、鼎州、廣州皆貢柑子，尚方多不過千，少或百數。

《墨莊漫錄》卷二亦云：

> 襄邑義塘村出一種瓜，大者如拳，破之色如黛，味甘如蜜，餘瓜莫
> 及，頃歲貢之。

這些水果，產量不多，送進京師的更少，其珍貴可知。再如《歸田錄》卷二所記的金橘，因為溫成皇后愛吃，因此而「價重京師」。歐陽修形容其「香清味美，置之罇俎間光彩灼爍，如金彈丸」，可謂色香味俱全了。《清異錄》卷二則記載了河東葡萄，大者當地人自己吃了，將小的送至京師。此外像荔枝，自唐以來就是閩廣貢上的水果，也是屬於較珍貴者。不過，據《老學庵筆記》卷三的記載，徽宗宣和年間宮中已種有荔枝，然揆諸地理、氣候條件，汴京的荔枝恐怕是不能與南方相比的。據《續墨客揮犀》卷七，則京師尚有「木饅頭」，所謂「木饅頭」，即無花果，其物甘酸，嶺南多有，京師所有者，恐亦是源自嶺南。據《猗覺寮雜記》卷下云：「北人以乳酪拌櫻桃食之」。則北宋汴京或也有櫻桃，但不知是否以乳酪拌食。

除了上述外，據《東京夢華錄》卷八亦云在六月時有「義塘甜瓜、衢州白桃、南京金桃水鵝梨、金杏、小瑤李子」等水果。秋月則「瓜果梨棗方盛」，以棗來說，就有「靈棗、牙棗、青州棗、亳州棗」等多種。此外，如柿、李、榲桲、龍眼、甘蔗等，亦汴京流行之水果。由上可知，這些新鮮水果除少數外，均是由外地運來者。由於汴京本地所生產的水果並不多，是以都人多將之製成蜜餞。當時的新鮮水果稱為「生果（《雞肋編》卷上云「京師賣生果，凡李子必摘其蒂」可為證）」。至於蜜餞，則稱為「蜜煎」，有時則直接稱為「果子」或「香糖果子」。在汴京「果子」一詞，除謂新鮮水果外，亦謂經醃漬製成之蜜餞。據《東京夢華錄》的記載，東京旳「果子行」位於朱雀門外及州橋之西，可說是「果子」的批發市場，供應大街小巷中之攤販以及各酒店食肆中的販售。至於「果子」漬製之法，《歲時廣記》卷二十一云：「都人以菖蒲、生薑、杏、梅、李、紫蘇，皆切如絲，入鹽曝乾，謂之百草頭。或以糖蜜漬之，納梅皮中，以為釀梅」。因多有用糖製之，故稱「蜜煎」、「香糖果子」。《雞肋編》卷上還記載了「水晶皂兒」的作法，乃將皂莢子仁浸以糖水而食之。至於「越梅」、「黨梅」則甜中帶酸。《能改齋漫錄》卷十五，尚記載了「北人以梅汁漬楮實，益以蜜，作假楊梅」。蓋以蜜餞不脫甜、鹹、酸三者，已失

水果之原味，故用楮實或楊梅所作的蜜餞，吃來並無甚差別之故。再如「梨條」、「梨乾」、「梨肉」、「查條」、「林檎乾」、「枝頭乾」、「芭蕉乾」等，為脫水製成。此外，如橄欖、人面子、李子等，亦做成蜜餞。而尚有「荔枝膏」、「柿膏兒」，則不知究為何物。《能改齋漫錄》卷十五還記載一則荔枝的食法：

> 好事者作荔枝饅頭，取荔枝榨去水，入酥酪辛辣以含之。又作簽炙，
> 以荔枝肉并椰子花，與酥酪同炒。

然而這樣一來，新鮮荔枝的色、香、味就完全被破壞了，此種食法實在未見高明。

除上述瓜果蜜餞外，汴京尚賣各種甜食與乾果。有以糖及麵粉做成的「果實」，此物多做成人物或各種花樣，猶今日之「捏麵人」。又如前述之澤州餳、餦俱為汴京相當普遍的甜食。《清異錄》卷四記載了在皇建院旁有餦坊，其所賣餦有「滿天星、糝拌、金餦縻員外糝、花截肚、大小虹橋、木密金毛麵」等名目。而《東京夢華錄》也記錄了「元子（即丸子）」、「澄砂團子」、「沙糖綠豆」、「酥蜜食」等甜飲或甜食。至於糖，則有「西川乳糖獅子」、「糖霜蜂兒」，《孔氏談苑》卷一云「川中乳糖獅子，冬至前造者，色白不壞」，可見「乳糖獅子」為四川名產，其物色白而能經久。又據《能改齋漫錄》云：「近世造糖，作㺒㹶形，號㹶糖」〔註7〕，此當與乳糖獅子類似。至於糖霜，是用甘蔗為原料，一名糖冰（據《糖霜譜》），與沙糖為兩物，當即今之冰糖。此物中國本無，中國原只有飴、餳二者，而以甘蔗汁煎熬出來的糖，至唐初方傳入中國。由於蔗糖的引進，才使得中國各項甜食的發展，更向前推進了一大步。

在乾果方面，《東京夢華錄》卷二「飲食果子」，云在酒店中有「托小盤賣乾果子」，如炒銀杏、栗子、巴覽子、雞頭等。據《曲洧舊聞》卷四，云「巴欖子如杏核，色白，褊而尖長」，則其與銀杏仁的食法或相同。所謂雞頭，即芡實。《東京夢華錄》卷八，云以梁門內之李和家最有名，「一色揀銀皮子嫩者」，又用「小新荷葉包，糝以麝香，紅小索兒繫之」來賣，自是生意興隆了。至於栗子，據《老學庵筆記》卷二，云「故都李和燋栗，名聞四方，他人百計效之，終不可及」。則亦以李和家〔註8〕所賣最好，為汴京之名產。

〔註7〕 此條不見於今本《能改齋漫錄》中，然見於明鈔本《說郛》卷三十五，殆為逸文。

〔註8〕 《老學庵筆記》卷二云，在紹興中，南宋使臣至金之燕山，有人奉燋栗而來，自云是李和兒，則李和享大名時當在徽宗朝。

以上即是從北宋汴京的小吃零食來看汴人食的另一層面。由於小吃份量少、價格便宜、選擇性高（式樣繁多），又遍佈汴京之大街小巷，遂成為汴京一般民眾日常所喜愛的食品。而由夜市小吃的繁盛與諸般食品之多采多姿，也可以看出當時汴京繁華、熱鬧的程度。

四、其它

以上概略介紹了汴京人民的各類主副食品，現在就說明汴人宴客之情形，據《東京夢華錄》卷四「筵會假賃」云：

> 凡民間吉凶筵會、椅卓、陳設、器皿、合盤、酒檐（擔）、動使之類，自有「茶酒司」管賃。喫食下酒，自有「廚司」。以至托盤下請書、安排坐次。尊前執事，歌說勸酒，謂之「白席人」。總謂之「四司人」。

這是在家中宴客之情。所謂「四司」，《都城紀勝》更清楚地說明為「帳設司」，是管理筵會場所陳設之事。「廚司」，掌理烹調之事。「茶酒司」，掌理茶酒、迎送、應對之事。「臺盤司」，掌理食盤酒盞打送之事。此外，又言有「六局」，為「果子局」、「蜜煎局」、「菜蔬局」、「油燭局」、「香藥局」、「排辦局」；前三者準備各種食物，後三者則負責筵會場所的佈置與善後。至於「白席人」，是席間相當重要的人物，《清異錄》卷一謂之「甌宰」，云因「廣席多賓」故「使舉職律眾」。但有時「白席人」太過囉嗦，而使得賓客大感牽制，甚至不能好好吃一頓飯，則大失其本意了〔註9〕。

據《都城紀勝》的記載，本是官府貴家方置有四司、六局。可是後來「都下街市亦有之」。要請客，主人只須出錢，不必費時費力。甚至於「欲就園館亭榭寺院遊賞命客之類」，也是「舉意便辦，亦各有地分。承攬排備，自有則例，亦不敢過越取錢」（《東京夢華錄》卷四）。

除了在家中宴客外，汴京市中的食店、酒樓，也提供了市民良好充足的筵會場所。如《歸田錄》卷一即記載了仁宗時，朝臣魯宗道家有客來，無以為備，遂至仁和酒店飲酒。而酒店百物俱備，遂使賓至如歸。由於酒店中所賣食品種類繁多，能滿足各層次消費者的要求，因此都人飲酒、宴客每在其中。雖然在宋初即有官員不得出入酒樓的規定，但一般官吏因家中準備難以週全，而酒店中器皿完備，故為圖方便，仍易服前往（至於大官，家中自有

〔註9〕如《老學庵筆記》卷八載韓琦於鄴「赴一姻家禮席」，時白席者喋喋之情，頗堪一笑。

廚役，根本無須赴酒店飲酒）。也因以上原因，故而各個酒店「不以風雨寒暑，白晝通夜，駢闐如此」，可見其盛況。（此處於汴京的酒店，僅作概略的敘述，及至後面言及「飲」中的「酒」部分時，再做說明）。

汴京市中除了酒店之外，還有專賣食物的食店，當時稱為「分茶」，如《東京夢華錄》中有「李四分茶」、「薛家分茶」，所賣食品包括了各種口味；也有專賣素食的，稱為「素分茶」或「素茶」，如相國寺東門大街有「丁家素茶」。「分茶」本是飲茶之法，謂不用薑鹽者，而何以將大食店稱為「分茶店」，則不詳其故。又有「南食店」，專賣南方食品，如魚兜子、桐皮熟膾麵、煎魚飯等，多分布於相國寺北小甜水巷中，以寺橋金家，九曲子周家最為有名。有北食店，以礬樓前李四家、段家最有名。還有川飯店，賣「插肉麵，大燠麵，大小抹肉淘、煎燠肉，雜煎事件，生熟燒飯」。這麼些各地不同口味的食店，為市民們提供了多種的選擇。於此情況下，據《東京夢華錄》卷三云「市井經濟之家，往往只於市店旋買飲食，不置家蔬」，也是社會生活逐漸分工忙碌化之後的必然趨勢。

食在汴京，是前所未有的多樣與美味，《東京夢華錄》中，有近一半的篇幅在介紹街巷夜市、酒肆食店的各種食品。那是北宋末年最繁華，最熱鬧的一段時光。幾乎每一本筆記小說中，提到汴京的食，都是以萬分懷念，又萬分感慨的口吻出之。究竟，食在人生中所佔的比重太大了，更重要的是在遺老們的眼中、筆下、懷念中，「食」成了汴京生活最鮮明的記憶。白礬樓的歌舞，李和家栗子，仁和店的酒菜，似在心頭，又似在夢裡。故國之思，不堪回首，滿腔的感傷、悲痛，化為對故都生活中每個細節的思念。雖然，念念不忘的是大街小巷中的飲食小吃，然又豈僅只是這些飲食之物？但家國之思無所由而出，只可抒發於追念當時之飲食風尚，而其中豈無深意在？然思又如何？念又如何？江左偏安，已成定局。既不能效屈子沈江，只好醉吟風月，歌舞錢塘，於飲食細事中求寄託了。

除上述之外，汴京飲食業之所以如此發達，也和北宋時汴人好相互宴請之風有關。而汴人在宴客時，每以酒食之豐贍相誇，司馬光於「訓儉示康」中即謂當時士大夫家「酒非內法，果肴非遠方珍異，食非多品，器皿非滿案，不敢會賓客」，士大夫們即使自己平日儉素者，於宴賓客時亦力求豐足。如《北牕炙輠錄》卷下稱趙抃「平時類蔬食，不得已，止一肉。及對賓客，殽核皆豐」，就是個好例子，然這麼做實在是不必要的。當然，也有人是以平日自奉

來請客吃飯的，如《獨醒雜志》卷二記王安石為相時，在京師請子婦之親蕭氏子吃飯，「果蔬皆不具……酒三行，初供胡餅兩枚，次供豬臠數四，頃即供飯，傍置菜羹而已」，完全是以平日所食請蕭某人。但能如此者，究竟極少，而被時人目為異數了。

在前面的米麵主食、佐食、零食諸部份，對汴京的各類食料、食品，作了概略的敘述，可知在當時已是相當多樣而講究了，然大多數卻還只是一般平民之所食，至於在皇家、貴族、巨富方面，則更要精緻許多。錢勰云：「三世仕宦，方會著衣吃飯。」（見《明道雜志》），言下之意，一般平民所食，根本不能叫做吃飯。而據《明道雜志》的記載，錢氏請客時，「皆精要而不繁」。「精要不繁」，當是食之最高境界了。錢氏倘生於今日，必是美食家無疑。在《清波雜志》卷九亦記載了烹調三要訣：「爛、熱、少」。周煇言「爛則易于咀嚼，熱則不失香味，少則俾不屬厭而飫後品」。此一烹調原則雖不比錢氏的「精食」，卻也是符合衛生保健要求的。

北宋汴京的貧富差距頗大，這從雙方所吃的食物上更可明顯看出。北宋皇帝的御膳、御宴，當然是以最好的食材，作最精緻的調理〔註10〕。這從《文昌雜錄》卷三所記神宗御宴與《隨隱漫錄》卷二所記太子御食單中可以看出（《隨隱漫錄》所記雖為南宋時事，然頗可以為參考）。有時皇帝所食之物亦非如何美味，只是一些平素此地或此時所不應有之物而已，因為物稀，所以昂貴。此心態與暴發戶好於冬日食西瓜，夏日食橙橘之行為，適可為對照。宋仁宗即曾以太過侈靡而拒食一隻一千錢的螃蟹（見《邵氏聞見後錄》卷一）。但能如仁宗如此自制的皇帝實屬少數，其餘殆所謂「舉天下以奉一人，居之不愧」者，其飲食之奢靡無度，亦為必然。據《賜谷漫錄》云京都貴家之廚娘，作羊頭簽五分，需羊頭十個，以其僅用羊臉肉，餘悉棄於地；作蔥韭五碟，需用蔥五斤，以其僅用蔥心之似韭黃者。似此，實只有豪貴之家才用得起這等超級廚娘，一般平民，於廚邊撿拾棄置地上者即足夠家用了。《隨隱漫錄》卷二，敘述貴家之暴殄天物，則云：

〔註10〕 到了南宋高宗初期，為了躬行儉德，曾有段時間所食極為簡單。如《清波雜志》卷九云北宋時御廚分十一等，第一等折錢八十餘千，最末等折三十千，然至紹興初時則皆減半。同書卷一記高宗「早晚食只麵、飯、炊餅、煎肉而已」，則尚不及末等。可見當時高宗儉素之情。另外，《老學庵筆記》卷一記載了孝宗淳熙時宴請金國使臣的御宴菜單，其菜色亦不見豐盛。想是南宋初年確曾有段時間思奮發圖強，乃得如此，惜後來故態復萌。

羊頭簽止取兩翼。土步魚止取兩腮。以蛐蛑爲簽、爲餛飩、爲枨饔，

止取兩螯。餘悉棄之地，謂非貴人食。有取之則曰：若輩眞狗子也。

奢侈浪費，且還振振有辭，洋洋自得。可知富貴人家此種食法，已成爲一種習慣，則其對社會風氣的不良影響，也大到無以復加了。

總之富貴人家奢侈爲事，在食的方面擺排場，成爲炫耀財富與身分地位的一種手段。《鶴林玉露》記載了蔡京府中包子廚裡連切蔥絲皆有專人，可見其廚中規模了。《獨醒雜志》卷九則記載蔡京爲相日，某日集講議司官吏數百人開會，作蟹黃饅頭以食之，結果花掉了一千三百多貫錢。其家中並有江西官員送來的滷黃雀肶八、九十餅，所食過王侯。比之范仲淹少時所食的冷粥〔註11〕，蘇軾未達前所食的三白飯〔註12〕所差何啻千里？而其與二賢之人，斯亦不能相提並論也。

第二節　飲

前面所述，皆爲汴京的各種食品、食店及汴人的食法與一些習慣。而在這一部分，則敘述汴京人的飲料，列舉茶與酒二者來敘述之。

一、茶

在中國，喝茶的歷史是很久遠的。而且，喝茶的人口遍及於全國各地。也因此，茶在各地也均有生產，而以各地的氣候、溼度、雨量等因素，而有品質上高下之別。如浙江的龍井、武夷的鐵觀音、安徽的六安，雲南的普洱俱是名茶。以茶的型態而言，普通是散裝茶葉，雲南普洱爲茶餅，青海、西藏一帶則製爲茶磚了。以茶的製法而言，茶葉有不發酵者，如青茶；有半發酵者，如包種茶；有全發酵者，亦即烘焙最久者，如紅茶，烏龍茶，普洱茶。至於飲茶之法則有煎茶、點茶。所謂煎茶即煮茶、熬茶；點茶即今之泡茶。而茶之味，除了原味外，唐人有加薑鹽者，而今人亦有加糖、加牛奶的。由上可知，關於茶本身乃至於個人喝茶的口味與習慣，均各有不同。然而可以確定者，是飲茶之風確爲普遍而久遠。

茶在中國的歷史雖然很久，可是，要到了唐朝的陸羽寫了《茶經》之後，

〔註11〕見《墨客揮犀》卷三。
〔註12〕見《曲洧舊聞》卷六。

人們才開始重視起來，而宋人更發揚之。從茶葉、泉水到火、爐、壺、炭、茶具均更爲講究，從而更提昇了飲茶，而臻藝術的境界，後世的人們亦樂此不疲，幾乎使之成爲中國的國粹。

自唐代以後，茶成爲專賣品，茶商賣茶須先繳納茶稅，政府才發給「茶引」，以爲茶商行銷之憑證。由於到了宋代飲茶的人口日盛，產茶益多，茶稅乃成爲國庫之重要來源，據《燕翼詒謀錄》卷二，知在宋初本是沿江置権貨務收茶。而在淳化四年二月，因爲造成了茶商的不便，所以准許茶商在產地即先買下茶，而廢除了沿江八處権貨務。但是只在六月，就因爲國庫收入減少，即盡復舊制。《東原錄》則記仁宗時又罷権茶。《萍洲可談》卷二則云「崇寧復権茶」（崇寧係徽宗年號）。可知北宋時，権茶時罷時起，或是視國家歲入狀況來決定其徵收。《萍洲可談》卷二云：

> 自崇寧復権茶，法制日嚴，私販者因以抵罪。而商賈官券，請納有限，道路有程，纖悉不如令，則被繫斷罪，或沒貨出告緡，愚者往往不免，其僑乃目茶籠爲草大蟲，言其傷人如虎也。

述明茶法之弊端，其虐如此，宜乎民比之於虎也。

宋人飲茶之風極盛，故地方亦以茶貢上，其最著者，爲「北苑茶」。「北苑茶」產於福建「建州龍焙而北」（《西溪叢語》卷上）。在宋初，建州歲貢「龍、鳳團」茶各二斤，一斤有八餅。仁宗慶曆年間，蔡襄任福建路轉運使，又以「小團」貢上，此茶品質較「龍、鳳團」茶更優，一斤有二十餅，故謂「小團」。到了神宗熙寧年間，賈青任福建路轉運使時，神宗又命取「小團」之精者，製爲「密雲龍」以貢之，此茶亦一斤二十餅，而品邁於前。大抵茶之製作，愈後愈精，且產量也越來越多。在茶葉製作愈見精緻之後，「團茶」（茶餅）也漸遭淘汰，徽宗宣和以後，漸不像以前那樣珍貴，精緻了，而成爲皇帝賞賜大臣常見之物了。（以上據《石林燕語》卷八、《歸田錄》卷二、《畫墁錄》卷一及《澠水燕談錄》卷八之記載）。

在團茶極盛時，因產量稀少，爲人所珍視，《歸田錄》卷二記載當時一斤二十餅的「小團」，「其價直金二兩」，且「金可有而茶不可得」。《澠水燕談錄》卷八云仁宗時極珍惜此物，等閒不輕賜大臣，僅在郊禮時，賜兩府八人共一餅。而「宮人翦金爲龍鳳花貼其上，八人分蓄之，以爲奇玩，不敢自試。有嘉客，出而傳玩」〔註13〕。可知其珍貴的程度。

〔註13〕《畫墁錄》卷一亦記八人共一餅，然《歸田錄》卷二則云爲兩府各賜一餅。

　　據《楊文公談苑》云，建州茶有十品，曰「龍茶、鳳茶、京挺、的乳、召乳、白乳、頭金、蠟面、頭骨、次骨」，其中有許多是輸往京師。可知建茶爲當時之新貴，據《演繁露續》卷五云：

　　　　建茶名蠟茶，爲其乳泛湯面，與鎔蠟相似，故名蠟面茶也。

這與以前所飲的「草茶」不同了。據《南窗紀談》〔註14〕云建州臘茶的精品，「一餅直四十千，蓋一時所尚，故豪貴競市以相夸也」，茶爲雅事，但卻成爲富室鬥富的工具，已失去飲茶最初的意義了。

　　據《歸田錄》卷一云：

　　　　臘茶出於劍建，草茶盛於兩浙，兩浙之品，日注爲第一，自景祐已後，洪州雙井白芽漸盛，……其品遠出日注上。〔註15〕

日注、雙井均草茶，雖也是名品，卻遠不如建州茶風光了。

　　至於茶葉之優劣，據王觀國《學林》卷八云：

　　　　茶之佳品，摘造在社前；其次則火前，謂寒食前也；其下則雨前，謂穀雨前也。

這是就茶葉的摘造而言。《能改齋漫錄》卷十五亦云「貢茶貴早」，可以爲證。在茶色方面，則佳品色白，碧綠色者，只是常品。且好茶必「芽蘗微細」，宜於點啜而不宜於煎啜。所謂「點茶」、「煎茶」，是古時飲茶的兩種方法，「煎茶」即今日之煮茶、熬茶；「點茶」則爲泡茶〔註16〕。《猗覺寮雜記》卷上云唐時造茶是「旋摘旋炒」，而宋時在採摘後尚有蒸熟焙乾之手續。而唐人飲茶也多是煎茶，並加入鹽、薑等調味料。此風宋代已無，然據《甕牖閒評》卷六之記載，則古人入茶尚有用龍麝等香料者，《萍洲可談》卷一也記載了當時飲茶，且有於茶湯中加甘草者，可知「加料茶」由來已久；這些作法其意雖在增加茶芳甘之味，殊不知這樣一來，反而破壞了茶葉原有之自然風味。另外，宋人飲茶，尚有「碾茶」之習，即是將茶葉碾碎成粉末狀，則飲時必將

　　　　無論爲何，均見此茶之珍貴。

〔註14〕據《四庫提要》云，此書爲南北宋之間所記，且多述北宋時事，此云建州茶的情形，當亦爲當時之實況。

〔註15〕《耆舊續聞》卷八，亦有相同記載，惟「劍建」作「福建」，「日注」作「日鑄」。

〔註16〕蔡襄《茶錄》上篇論茶有「點茶」一目，云：「茶少湯多，則雲腳散。湯少茶多，則粥面聚。（建人謂之雲腳粥面）鈔茶一錢七，先注湯調令極勻，又添注入環迴擊拂。湯上盞可四分則止，眡其面色鮮白著盞無水痕爲絕佳。」詳細敘述了「點茶」之法。

茶渣一同飲入，此當是與今日極大差別處。據《甕牖閒評》卷六之記載，尚有「晶茶」，亦作「擂茶」，是「以茶芽盞許，入少脂麻沙盆中爛研，量水多少煮之」，則當近於煎茶了，袁氏云「其味極甘腴可愛」，然此來已非茶之原味了。以上所述，不論如何變化，總還不脫「飲茶」之範圍。可是在《清異錄》卷四中，有「茶百戲」及「漏影春」二則記載〔註17〕，則是以茶來變把戲了，真正該重視的茶香，茶味及這一份情趣，至此反而淪為配角了。

宋以後喝茶越見講究，除了注重茶葉本身外，尚重視水，唐陸羽於《茶經》中即云「山水上，江水中，井水下」。在宋徽宗政和間，且由地方貢無錫惠山泉水於上，直到欽宗靖康年間，方才罷貢（見《墨莊漫錄》卷三）。在茶具方面，北宋時似是尚不太講究，故《癸辛雜識前集》中，記司馬光與范祖禹攜茶往遊嵩山，司馬光只是用紙包著，而范祖禹則將茶葉裝在小墨盒中。可是到了南宋理宗時，即對茶具非常講究了，當時以長沙茶具最為精美，「每副用白金三百星或五百星，凡茶之具悉備，外則以大縷銀合貯之」，可見講究程度（亦見《清波雜志》卷四）。

因為飲茶之風已深深進入了人民的生活，故汴京城中多有此類賣茶湯的茶坊，如《東京夢華錄》卷三「馬行街鋪席」云馬行街上即有許多茶坊酒肆。卷二「潘樓東街巷」云潘樓東十字大街有茶坊，而「舊曹門街北山子茶坊，內有仙洞仙橋，仕女往往夜遊喫茶於彼」。於《夷堅志補》卷八「京師浴堂」亦云有外地來京赴吏部參選人，因晨起太早城門未開；故至茶邸少憩，而邸之中尚有浴堂。可知此時茶坊，茶邸已成為人們休閒時一個好去處。又據《東京夢華錄》卷三「馬行街鋪席」云馬行街夜市至三更時尚有「提瓶賣茶者」，專為辦事晚歸的公差，官吏而備；「天曉諸人入市」則云每日清晨有「賣煎點湯茶藥者」。自早至晚，人們的生活都離不開茶湯。在家中來了客，客人離去，也都要奉上茶、湯。此外，據《萍洲可談》卷一云：

> 太學生每路有茶會，輪日於講堂集茶，無不畢至者，因以詢問鄉里消息。

則知當時在太學生之間且有「茶會」，用來聯絡同鄉間之感情，由此亦可知當

〔註17〕《清異錄》卷四「茶百戲」云是「使湯紋水脈成物象者，禽獸蟲魚花草之屬，纖巧如畫，但須臾即就散滅，此茶之變也」。同卷「漏影春」則是「用鏤紙貼盞，糝茶而去紙，偽為花身。別以荔肉為葉，松實、鴨腳之類珍物為蕊，沸湯點攪」。

時飲茶風氣之盛了。

二、酒

　　酒是一種很奇妙的東西，它並不是生活必須品，很少有人喝酒是為了解渴的，更有的人一生從未喝過酒。然而，儘管如此，酒卻仍然在生活中佔有重要的地位。例如人們在節慶、祭祀中都少不了酒。像是新年喝的屠蘇酒，社日的社酒，端午的雄黃酒，重陽的菊花酒等等，在在說明了酒雖然並不是那麼不可或缺，但已進入了人們的生活，甚至於成為諸多習慣、風俗的一部分。另外，在喜慶宴客之際，酒更有其實際需要，甚至成為禮節所必須。

　　從漢代開始，酒類便行專賣，而酒稅也是國庫收入中重要的一環。在宋時則在京師有都麴院造麴出賣，由各大酒店買以造酒，官府本身不賣酒，此雖無酒專賣之名，卻有專賣之實。而在政府中亦有「法酒庫」、「內酒坊」，專造官方所用酒。據《密齋筆記》卷一云當時汴京每年賣麴歲入達四十七萬四千六百四十五貫，以酒麴價每斤一百文至二百文錢計之，則只在汴京一地，每年所消耗的酒量即極可觀。除由官賣酒麴之外，在神宗熙寧間王安石行新法之際，則嘗罷賣麴而榷酒，榷酒雖較賣麴所入為豐，可是弊在與民爭利，誘民為惡，不為一般知識分子所稱許。如《燕翼詒謀錄》卷三即云新法行後，官府設酒肆妓樂誘民飲酒，以致「小民無知，爭競鬥毆，官不能禁」，此因官府帶頭敗壞風氣之故，時人稱之「設法賣酒」，而不予認同。但不論是賣麴抑或榷酒，其專賣則一，除了宮中的「內酒坊，法酒庫」及大酒店外，一般人例不許造酒，惟「諸后殿親王府與王弟勳戚之家」（見《話腴》）等特權，則亦許釀造。

　　據《甕牖閒評》卷六云，當時人造酒，「用秫一斗，而下水五升，遂可取酒一斗」，然這只是普通的酒；至於好酒，據袁氏云只能「下水三升」而「得酒七八升」，所用的水少，酒味自醇厚了。《癸辛雜識續集》卷下，則云「造酒冬至前最佳，勝於臘中，蓋氣未動故也」，《禮記》「月令」有云於仲冬之月即命大酋預備造酒，可知宋人造酒亦或多在冬季。

　　在汴京，以官廷中所造的酒最好，謂之「內法」，據《侯鯖錄》卷四所云，則其作法乃傳自後周世宗破河中李宗正時所得之匠人。而《老學庵筆記》卷二則云滑州冰堂酒為天下第一。至於汴京酒店所賣酒中，則以仁和店為最好（見《玉壺清話》卷一）。宋代雖行麴專賣，而禁私家釀酒，然實則民間釀酒

風氣是很盛的，但只要不拿出來公開販售，官府通常睜隻眼閉隻眼，否則眞要取締私釀，只怕抓不勝抓。據《墨莊漫錄》卷五的記載，蘇軾即曾「以蜜爲釀」，作「蜜酒」，其法爲：

> 蜜用四觔鍊熟，入熟湯相攪，成一斗。入好麵麴二兩、南方白酒餅
> 子米麴一兩半，擣細，生絹袋盛，都置一器中密封之。大暑中冷下，
> 稍涼溫下，天冷即熱下，一二日即沸，又數日沸定，酒即清可飲。
> 初全帶蜜味，澄之半月，渾是佳酎。

詳載其製，然據此，只恐酒甜太過，不能過癮。此外，蘇軾又作有「中山松醪賦」、「洞庭春色賦」，前者是以松膏釀酒，後者則是以黃柑釀酒。這些都是酒精濃度較低的水果酒、釀造酒，東坡另有詩詠「天門冬酒」，則當是藥酒了。此外，於宋人詩、筆記中多有白酒之名，則這當是酒精濃度較高的蒸餾酒了。羅大經「紅白酒」序云：

> 酒有和勁，太守王元邃，以白酒之和者，紅酒之勁者，手自劑量，
> 合而爲一，殺以白灰一刀圭，風味頗奇。

則如今日調酒然。江浙人家生子女，埋酒於地，俟子女長成，取以飲，謂之「女兒紅（廣南亦有此俗，謂之「女酒」）」、「狀元紅」，亦須兌以新酒，方可飲。而如羅大經所云將紅、白酒調和而飲的，確是前所未聞。又據《文昌雜錄》卷三云：

> 京師貴家多以酴釀漬酒，獨有芬香而已。近年方以檳榔花懸酒中，
> 不惟馥郁可愛，又能使酒味辛冽。始於戚里，外人蓋所未知也。

則相當於今日之加料酒了，此與古人所謂之「桂醑」當爲類似之物，都是以花香來加重酒本身原有氣味的。

在汴京，由於酒麴專賣，只有大酒店得造酒，稱爲「正店」，市中有七十二家。至於小酒店，則不計其數，稱之爲「腳店」，須向「正店」批酒來賣。由汴京城中數量如此眾多的大小酒店，可知當時飲酒宴會之盛。據《容齋續筆》卷十六云：「今都城與郡縣酒務，凡鬻酒之肆，皆揭大帘於外，以青白布數幅爲之，微者隨其高卑小大，村店或挂瓶瓢、標帚稈」，好讓人一見即知是酒店，而此帘布又叫作「酒望子」，這在宋張擇端所繪的「清明上河圖」中可以得到印證。然而，據《東京夢華錄》卷二「酒樓」云：「凡京師酒店門首，皆縛綵樓歡門」，則較之懸掛「酒望子」體面多了。不過，這恐怕也只是大酒店方才如此。《東京夢華錄》中，對汴京的酒樓多有記載，其中最有名者爲任

店、莊樓、白礬樓。此三者據《可書》的記載，在徽宗宣和間分別改建，更名爲欣樂、和樂、豐樂樓，然一般人則仍呼其舊名。此外，如仁和店、潘樓、清風樓、遇仙正店、會仙樓、長慶樓，亦無一不是第一流的大酒店。《東京夢華錄》云任店：

> 入其門，一直主廊約百餘步，南北天井兩廊皆小閣子。向晚燈燭熒煌，上下相照，濃妝妓女數百，聚於主廊檐面上，以待酒客呼喚，望之宛若神仙。（卷二「酒樓」）

其入門後之主廊即達百餘步，則佔地之廣可知。此類「小閣」又稱「酒閣子」，據《東京夢華錄》卷二「酒樓」云：「諸酒店必有廳院，廊廡掩映，排列小閣子，吊窗花竹，各垂簾幙，命妓歌笑，各得穩便。」則如今日之雅室。至於礬樓（豐樂樓），則在裝修後變成有三層樓高，且「五樓相向，各有飛橋欄檻，明暗相通，珠簾繡額，燈燭晃耀」，可謂華麗非常。再如遇仙正店，因前有樓後有臺，故都人謂之「臺上」，《東京夢華錄》卷二並云其「最是酒店上戶」，所賣銀餅酒七十二文一角，羊羔酒八十一文一角，均不算太貴。據《東京夢華錄》卷二「飲食果子」的記載，酒店中於酒客飲酒時，除了茶博士、酒博士招呼之外，又有婦人「爲酒客換湯斟酒」，稱爲「焌糟」。有供客人使喚，爲之「買物命妓，取物送錢」的「閑漢」。同時且有歌女不請自來，至筵前歌唱。當然，這一切的服務都是要錢的。他們藉著向酒客「換湯斟酒歌唱或獻果子香藥之類」，賺些小錢。而除了酒店本身所賣的酒、食外，還有外來「賣藥或果實蘿蔔」，乃至各類下酒物、辣菜、乾果的，亦於此張羅生意。一些較無職業道德者，乃至「不問酒客買與不買，散與坐客，然後得錢」，而客人也多花錢消災。當然，亦有不放這些閒雜人等入店的酒肆，如乳酪張家，州橋炭張家，他們只賣「好淹藏蔬菜」與好酒，算是格調較高的了。至於都人入酒店飲酒時又是如何呢？據《東京夢華錄》卷四云：

> ……凡酒店中，不問何人，止兩人對坐飲酒，亦須用注碗一副，盤盞兩副，果菜楪各五片，水菜碗三五隻，即銀近百兩矣。雖一人獨飲，盃遂亦用銀盃之類。

此等排場，亦見都人講究之程度。不過也有例外者，如《邵氏聞見前錄》卷八記載了郭逵年少未達時，在汴京州西酒樓上，帶了兩個餅，買一升酒，邊喝邊讀漢書，一待就是一整天，到了晚上才離開，可謂異數了。當然，除了在酒店飲酒外，也有將酒買回家飲或於名勝園囿之地宴聚飲酒者，則此又是

別一番情趣了。

　　大致而言，酒樓可說是汴京之一大特色，也是人民生活中極重要的部分，從酒樓，似也看到了汴京這個城市的興衰，《東京夢華錄》中對汴京各個大酒樓做了詳細的敘述，而在字裡行間，卻也包含了強烈的滄桑之感。汴京的繁華，正如春夢一場，礬樓、任店等大酒樓的壯盛華麗，不知在多少南渡遺老的夢際縈迴，也不知是多少人永難抹去的回憶。當時劉子翬曾作「汴京紀事」詩二十首，其最著名的一首：

> 梁園歌舞足風流，美酒如刀解斷愁，憶得少年多樂事，夜深燈火上
> 礬樓。

年少風流，每在酒樓歌舞流連，卻怎知如今只能在回憶中去重溫往事，又怎不令人低迴再三呢？只是不知，在他們心中，對這段過往，是懷念抑是悔恨，而時人於此紙醉金迷的生活，是嚮往還是借鑑了。

　　以上，就是對汴京人民的飲食所作的大概敘述。可以看出，大體上汴京人們對這民生第一要事是頗為注重的。「食」對於他們來說，已不只是一飽口腹之欲而已，它還代表了一種生活情趣，而富人們更以之為炫耀自己財富的工具。後者當然是不可取的，然而講究美食終究是飲食文化的一項進步。像《侯鯖錄》卷八記載了黃庭堅所說：

> 爛蒸同州羊羔，沃以杏酪，食之以七不以筯；抹南京麵作槐葉冷淘，
> 糝以襄邑熟豬肉；炊共城香稻，用吳人鱠松江之鱸。既飽，以康王
> 谷廉（簾）泉烹曾坑鬥品。少焉，臥北窗下，使人誦東坡赤壁前後
> 賦，亦足少快。〔註18〕

所食並非如何豐富，昂貴，但要精緻、相搭調，吃完再用天下第一泉泡北苑最上等茶，聽著蘇軾的赤壁賦，的確是人生一大享受。在此，食已臻藝術的境界，也不只侷限在飽腹而已，從色、香、味，到食器、食物原產地的講究，一直到飯後的休息，重視的是其中的一份情趣，這大概也是美食的精神所在吧！總之，我們看到了北宋汴京的人民，在飲食生活方面，達到了前所未有的高峰，由此亦可推想其它層面如何，也無怪乎遺老們於此念念不忘了。

〔註18〕在《曲洧舊聞》卷五中，也有相類似的記載，只是將主角由黃庭堅換為蘇軾。

第三章　汴京人民的衣冠服飾

　　本章所述，主旨放在一般人民的穿著上，以及當時在「衣」方面的流行與演變。並冀由這些一般人民的服飾，及其與生活上的關聯，來一窺一時之風尚。而至於貴族乃至帝王之服飾，則不在本文敘述範圍內，故僅在必要時述及之。

　　以下，即依次介紹男子冠服（包括士人與一般服飾以及各職業人等服色）及婦女裝飾。

第一節　男子冠服

一、冠　戴

　　首先，敘述北宋時男子於頭上所戴者。他們的冠戴，依質料、型製、功用之異，而有種種不同的名目，如巾、幞頭、幘、冠、帽等等。其中，巾、幘、幞頭是一類，都是用絹、紗或布來裹髮者，而冠、帽又是一類，乃是具有固定型製者。據《夢溪筆談》卷一云：

> 幞頭一謂之「四腳」，乃四帶也。二帶繫腦後垂之，二帶反繫頭上，
> 令曲折附頂，故亦謂之「折上巾」。唐制，唯人主得用硬腳。晚唐方
> 鎮擅命，始僭用硬腳。本朝幞頭有直腳、局腳、交腳、朝天、順風，
> 凡五等；唯直腳貴賤通服之。又庶人所戴頭巾，唐人亦謂之「四腳」，
> 蓋兩腳繫腦後，兩腳繫領下，取其服勞不脫也；無事則反繫於頂上。
> 今人不復繫領下，兩帶遂爲虛設。

　　幞頭僅爲巾的一種，有硬腳幞頭與垂腳之別，「硬腳」原本是君王的專利，可是到了宋朝成爲官員所服，而一般平民百姓則只能裹垂腳（即直腳）幞頭，是不能戴「硬腳幞頭」的。「幞頭」之所以異於「巾」者，就在「幞頭」爲四腳〔註1〕。據馬縞的《中華古今注》卷中，云在北朝後周武帝中才「裁爲四腳，名曰『幞頭』」的。「幞頭」的四腳本是兩腳在前，兩腳垂後。據《雲麓漫鈔》卷三的記載，自唐末以後，即已將幞頭以銅鐵爲骨，使之橫長尺餘或上翹了，不過這只限於人君或四方僭位之主專用之，且還「各創新樣」。到了北宋，則朝官之幞頭亦用硬腳，以鐵線橫張之，其長竟有達尺餘者。據《席上腐談》卷上的記載，意在「庶免朝見之時偶語」。前引《夢溪筆談》所云之「直腳、局腳、交腳、朝天、順風」五等幞頭，後四者恐亦皆爲硬腳，惟其腳之型製有別而已。《麈史》卷上則記有「幞頭小腳」、「牛耳幞頭」，《東京夢華錄》亦記有「交腳幞頭」、「腳子向後曲折幞頭」、「卷腳幞頭」等，其型製殆不止沈括所云五種，或沈氏時代在前，未見於後，而又「制度靡一，出於人之私好而已」之故。儘管幞頭的式樣越來越多，卻皆脫離了其原有實用的目的，而成爲了一種裝飾，或成了表達身分、階級的標幟，甚且有於腳上簪花，或任意彎曲者〔註2〕。至於一般平民所服的垂腳幞頭，其垂巾亦有長短寬窄的變化。原本只是用來裹髮的幞頭，竟有這多種的樣式，恐怕亦是當初發明此物者始料所未及了。

　　至於在幞頭的質料方面，《雲麓漫鈔》卷三云本用「三尺皂絹」，唐代馬周「請以羅代絹」，武則天乃以絲葛爲之，號「武家樣」。而《席上腐談》卷上則云唐人「初以皂紗爲之」，但因太軟，故又以桐木在前襯之。到了宋代，則以藤織爲裡襯，以紗爲表，並塗以漆，使紗的表面堅硬。在幞頭的裹法方面，幞頭原本即爲頭巾，只是以束定頭髮爲最主要的目的，而餘下的兩腳（巾帶）則讓它自然下垂。可是後來幞頭逐漸演化出一種固定形式，變成了近似於冠帽之物，如此一來，則束髮功能大打折扣，以至於在幞頭內尙須另以巾子將髮髻先行固定。至此，幞頭已脫離了巾的範圍，而成爲冠了。

〔註1〕據《東京夢華錄》卷十「駕宿太廟奉神主出室」云：「挾輅衛士皆裹黑漆圍頂無腳幞頭」，則此幞頭無腳。在幞頭之腳已成爲一種純粹的裝飾品，再無實用的目的後，故雖無腳，亦稱之「幞頭」。

〔註2〕如《石林燕語》卷三，記載了哲宗紹聖以前，幞頭巾皆「折而斂前」，稱之「斂巾」。紹聖以後，改爲偃後。可參考後述所引《麈史》卷上「禮儀」所記載「巾」之式樣的部分。

　　宋時士人官員在非正式場合，多結巾帶而已，一般平民亦多結巾。因為，以巾束髮是最簡單的一種裹髮方式。早先，有以布、帛、羅為巾者，到了後代，才專以紗製者為巾。《塵史》卷上「禮儀」云：

> 其巾子先以結藤為之，名曰藤巾子，加楮皮數層為之裏，亦草巾子者，以其價廉，士人鮮服。後取其輕便，遂徹其楮，作粘紗巾。近年如藤巾、草巾俱廢，止以漆紗為之，謂之紗巾，而粘紗亦不復作矣。

可以看出，此與幞頭並無二致，皆為裹髮之具，早先皆用藤草為骨，後又皆用漆紗。所異者巾無四腳而已，巾通常為兩腳，而此兩腳且常變而為長帶，故又稱「巾帶」。龔明之《中吳紀聞》卷六記載了徽宗宣和初令士人須結巾帶，「否則以違制論，士人甚苦之」，時有謔詞云：「頭巾帶，誰理會？三千貫賞錢，新行條例：不得向後長垂，與胡服相類。法甚嚴，人盡畏，便縫闊大帶向前繫，稱我太學先輩，被人稱保義」，可知巾帶的結法，可能甚為繁複，故「士人甚苦之」，且結成之巾帶，不能如胡服般「向後長垂」，而要「便縫闊大帶向前繫」。陸游的《老學庵筆記》卷二亦云其年幼時（當為南宋初）見前輩「猶繫頭巾帶於前，作胡桃結」。可知此頭巾帶必甚長，呈條狀，故能「向後長垂」。至於頭巾帶的繫法，由上可知，有在前結「胡桃結」（亦可能有別種結式），也有長垂於後者（當時必有結巾長垂於後者，故才禁止士人如此）。另外《塵史》卷上「禮儀」尚記載了「巾」的樣式，云：

> 始作前屈，謂之「斂巾」，久之作微斂而已。後為稍直者，又變而後仰，謂之「偃巾」。已而又為「直巾」者，又為上下差狹而中大者，謂之「梭巾」。今乃製為平直巾矣。其兩腳始則全狹，後而長，稍變又闊而短。今長短闊狹，僅得中矣。

由此可以略窺頭巾帶諸樣式演變的情形。

　　因為結巾是如此的麻煩，乃有人索性結巾成帽，但因其型製、樣式是由巾演變而來，故仍保持「巾」之名。當北宋時，最名者當是東坡巾、山谷巾了，東坡巾又名東坡帽，據呂本中《師友雜志》云崇寧初新黨得勢時，

> 當時章疏有言：褒衣博帶，尚存元祐之風；矮帽幅巾，猶襲奸臣之體。蓋東坡喜戴矮帽，當時謂之東坡帽；黃魯直喜戴幅巾，故言猶襲奸臣之體也。

據《席上腐談》卷上云：

> 近時涼緇巾，以竹絲爲骨，如涼帽之狀，而覆以皀紗，易脫易戴，
> 夏月最便。

雖猶謂爲巾，實已是帽了。

「幘」，也是「巾」的一種，據《演繁露》卷十五云：

> 幘者，冠下覆髻之巾也。

又云：

> 若其人應著冠，則以幘藉其下。賤而執事，則無冠單著幘也。

可知幘實際上就是裹髮的巾，官員們在戴冠之前，須先以幘（也就是巾）束髮。而庶民百姓不准戴冠，於是乃僅以幘束髮。《東京夢華錄》卷十「駕詣郊壇行禮」亦云：「樂工皆裹介幘如籠巾」，可以爲證。

上面敘述了襆頭、巾、幘，它們的主要功用在束整頭髮；以下繼續述說冠、帽，它們雖然也有裹束頭髮的功用，但更重要的是在於保護頭部，免於風吹、日晒、雨淋之苦。同時其型製固定，在使用上亦較爲方便。

帽通常只在室外使用，到了室內，即須將帽脫下，據《石林燕語》卷十云：

> 余見大父時，家居及燕見賓客，率多頂帽，而繫勒帛，猶未甚服，
> 皆於帽下戴小冠簪，以帛作橫幅約髮，號額子。處室中則去帽見冠
> 簪，或用頭巾也。

由此段記載可知，士大夫在閒居燕見賓客時，須戴小冠簪及額子（即無頂之頭巾，用於額上束髮者），方爲不失禮。然如在室外，則必再加戴帽子。而當時有人是在小冠簪之上加戴頭巾者，葉氏則以爲巾是賤者所服，故不合於禮制。其實「巾」發展到後來已近於「帽」了。若要強分二者，似無必要；而在服飾演變的角度而言，也不存在「不合禮制」的問題。此外《東軒筆錄》卷十三，也記載了王朴爲學士時，「常便服頂蓆帽，步行沿河以訪親故」。可知一般士大夫在閒居或出外訪遊時，多戴帽子。尤其一般堅持禮制與階級觀念的士大夫，認爲「巾」是賤夫所服，故不欲服巾。如《雲麓漫鈔》卷四即記載在哲宗元祐間，司馬光與程頤堅持不服巾，寧願「裁皀紬包首」，而當時稱此爲「溫公帽」、「伊川帽」。

另外，在《麈史》卷上的「禮儀」中，有「京紗帽」及「翠紗帽」之記載。《麈史》云：京紗帽本來僅是以「襆頭光紗爲之」，後來逐漸演變成「有簷，有尖而如杏葉者，後爲短簷繞二寸許者」，不過其型製仍甚是質樸。是以

「至於下俚恥戴京紗帽」（見《醴泉筆錄》卷下）。至於翠紗帽則「前其頂與簷皆圓」，後來又將帽身與簷均拉長、變高，變得形如筆帽，故又俗稱爲「筆帽」，爲一般書生所常戴；此帽後來又有作方簷者，且將帽身再拉長，至「簷高七、八寸」，的確長得過份，以致有書生戴之行走大街上，於進門時被「風折其簷」。以後大概是發現高帽子的不便，故又復作短簷，簷高僅爲一、二寸而已。據《醴泉筆錄》卷下的記載，一頂翠紗帽值一千錢，要比京紗帽受歡迎多了。

　　京紗帽、翠紗帽是以紗爲之。至於前述的蓆帽，又作席帽，是以藤爲骨編成的圓帽，形似後世之笠。據《石林燕語》卷三云：「于席帽前加全幅皂紗，僅圍其半，爲裁帽。」則是將皂紗接於帽沿，障蔽臉部，可以避風沙，這在北方是非常實用的，此即古之「帷帽」。而亦有用氈爲之，稱之爲「氈帽」，又稱「氈笠子」。此物與席帽都近似笠，而只是質料不同而已，但因氈笠是由北方胡人傳入的，於徽宗時還在京師造成流行，北宋政府且於大觀四年詔開封府嚴行禁止（見《能改齋漫錄》卷十三）。

　　冠是正式的服具。舉凡朝見、宴會等正式場合均須戴冠，如朝會中所戴之冠即有進賢冠、貂蟬冠、獬豸冠等名目。而在平常，士人亦有戴冠者，如《清異錄》卷三云：

　　　　士人暑天不欲露髻，則頂矮冠。

又據《侯鯖錄》卷六云宣和時，

　　　　漆冠子作二桃樣，謂之「並桃」。

《老學庵筆記》卷九則云當政和、宣和間，

　　　　有遍地桃冠。

則知這些「冠」可能亦屬於型製較簡單如巾、帽者。如「並桃冠」即爲冠似雙桃狀，故謂之。遠不像朝會中之冠那麼華麗與精緻。而前亦已言及之「小冠簪」，則是戴在巾、帽之下者，故其型製亦必簡單。雖然如此，冠卻爲遵禮的士大夫所重視，在宴飲、會客之際，雖不必如朝會時那麼正式，但卻是禮之所不可缺的。

二、衣、裳

　　在敘述過男子的冠帽之後，現在即對男子的衣裳服色加以說明。在古代，於士庶所服有很嚴格的限制，宋時亦是如此。據《燕翼詒謀錄》卷一云宋初

時，

> 仍唐舊制，有官者服皁袍，無官者白袍，庶人布袍。而紫惟施於朝
> 服，非朝服而用紫者，有禁。

可知在宋初時對服色的限制是相當嚴格的，官吏只有在朝會之時方可服紫。
《石林燕語》卷六亦云：

> 國朝既以緋紫爲章服，故官品未應得服者，雖燕服不得用紫。

所謂「緋紫」即赤紫色，其色鮮明，接近於赤紅色；另外還有「油紫」，其色
較重而近於黑色。北宋官服用赤紫色，南宋時則用油紫色。據《石林燕語》
卷六云，在太宗太平興國年間，李昉曾奏請

> 禁品官綠袍、舉子白紵下，不得服紫衣；舉人聽服皁，公吏、工商、
> 伎術，通服皁白二色。

故太平興國七年，即詔曰：「中外官并貢舉人或於緋、綠、白袍者，私自以紫
於衣服者，禁之。止許白袍或皁袍」（引自《燕翼詒謀錄》卷一）。此時當爲
宋代官方對人民衣著顏色限制最嚴格的時候，普通人只能服黑、白二色。因
皇帝喜愛某種顏色，遂禁止人民服此色之衣，此事聽來雖荒謬，卻是歷代屢
見。據《石林燕語》卷六，此項禁令並未能維持多久，於太宗至道中，即「弛
其禁」。《燕翼詒謀錄》卷一則云早在太宗端拱二年，即「詔士庶皆許服紫，
所在不得禁止」了。不過，這個「紫」只限於「赤紫」（緋紫），至於「油紫」
（黑紫），則仍禁服之〔註3〕。北宋中晚期時且有「紫衫」，爲下人之服。據《甕
牖閒評》卷六云：

> 今之紫衫，下吏之服也。自南渡以前，士大夫燕服，止是冠帶，惟
> 下吏便于趨走，則服紫衫。

所謂「紫衫」，又稱「紫窄衫」，本是戎服，因爲型製較短、緊，無論行走、
做事均甚爲方便，故爲下吏之服。此服在南宋之後，且於士大夫間大大流行
起來，成爲休閒時的服裝。由當初禁服紫，至後來以「紫衫」爲下吏之服，
其改變不可謂不大了。

《甕牖閒評》雖云「士大夫燕服，止是冠帶」。可是，通常並沒那麼正式。
一般官員於閒居家中時，多喜歡穿較爲寬大的衣服。這種衣服穿起來輕鬆、
舒適，故爲士大夫們所喜愛。於《鶴林玉露》卷八中云此服爲「野服」，敘述

〔註3〕北宋時貴「油紫」（黑紫），故禁人民以油紫爲服，而只能用「赤紫」（緋紫）。
南宋時則恰好相反，貴「赤紫」，而只許人民以「油紫」爲服。

了朱熹晚年以野服見客，並引北宋學問家呂希哲之言云：「京洛致仕官與人相接，皆以閒居野服爲禮」。可知此種寬大舒服的「野服」，是退休、家居官員們最常穿著，且又不夫禮的便服。據《鶴林玉露》的記載，所謂「野服」是：

> 上衣下裳。衣用黃白青皆可，直領，兩帶結之，緣以皁，如道服，
> 長與膝齊。裳必用黃，中及兩旁皆四幅，不相屬。頭帶皆用一色，
> 取黃裳之義也。別以白絹爲大帶，兩旁以青或皁緣之。見僎輩則繫
> 帶，見卑者則否，謂之「野服」，又謂之「便服」。

此於「野服」的形式及著法，均有很詳細的記載。《鶴林玉露》云「野服」似道服。事實上，由於道服亦屬寬鬆一類，故亦爲官員們於燕居時所常服。如《老學庵筆記》卷十即記載了蔡京在爲相時，喜穿青道衣，故人們稱此服爲「太師青」。《石林燕語》卷十則記錄了南宋士大夫們所衣「道服」的絛——即道服之帶，云：

> 近歲衣道服者，絛以大爲美，圍率三四寸，長二丈餘，重複腰間，
> 至五七返，以眞茸爲之，一絛有直十餘千者。

原本只是《鶴林玉露》所言「束帶足以爲禮，解帶足以燕居」的屈屈一條帶子即已如此，則此所謂「道衣」的講究亦可想見，也怪不得葉夢得會感歎「數十年來，衣冠詭異」了。

另外，據《夢溪筆談》卷二云：

> 近歲京師士人朝服乘馬，以黲衣蒙之，謂之「涼衫」。

所謂「黲衣」，是青黑色的衣服，《愛日齋叢鈔》卷五引《桐陰舊話》云：「京師朝例，公服乘馬，因中官及班行製褐紬爲衫者，施於公服之上，號涼衫」（今本《桐陰舊話》未見）。則知「涼衫」是以粗綢製成暗色的衣物，其主要功用是在官員以朝服乘馬赴朝會時，罩於朝服之上，以防風沙塵污〔註4〕。在北宋時，不只官員乘馬服涼衫，即女子亦服之，如蓋頭然。此「涼衫」應爲半身的短衣，否則於騎乘之時，恐多有不便。

至於在朝服的質料方面，據《明道雜志》的記載，則在宋初，於寒月時士大夫每衣毛衫，只有南唐的舊臣徐鉉認爲這是北方胡人的風俗，不肯服之，

〔註4〕北宋所言之「涼衫」與南宋所言者不同。南宋「涼衫」爲純白色，其形式近於北宋時的「紫衫」，是一種短、窄之服（據《甕牖閒評》卷六與《鶴林玉露》卷七）。北宋時的「涼衫」則色暗，且可以罩在朝服之外，可知其服必甚爲寬鬆、輕便，方得如此。

竟以此中寒疾而死。《澠水燕談錄》卷五則云：

> 升朝官，每歲誕辰、端午、初冬賜時服，止于單袍，太祖訝方冬猶
> 賜單衣，命易以夾服。自是，士大夫公服，冬則用夾。

可知宋初的官服，原只是單衣。而因汴京地處北方，冬季嚴寒，故官吏多以毛裘披之禦寒。宋太祖後來才在冬月時將單袍換為夾袍，如此則能稍禦嚴寒。至於在宣和之際，則有「紗公服」（據《舊聞證談》卷四），當為夏日所服。

　　從以上敘述可知，宋代一般士大夫所服大抵是上衣下裳，裳內有褲，也有於外再加以袍子者。而在閒居時，則服寬鬆的野服或道袍。至於一般平民百姓，可就不是這樣了。中、下階層的人民，由於平日勞動的需要，是不可能穿著相當於今日「裙子」的裳或袍。因此，上身多半是著衫子、襖子，這種衣服只是稍長過腰間，袖口也窄，不致像寬袍大袖的長衣般對行動造成不便；而下身則穿褲子，也是窄褲管的。上衣通常放在外面，而繫以帶，不像今日多將上衣紮入褲內。庶民百姓基於生活上的考慮，是沒有可能穿著裳或袍子工作的，這在傳世的宋畫中（如「清明上河圖」），即可獲得進一步的佐證。

　　在《石林燕語》卷十，有「背子」、「半臂」之名。此種衣服類似於今日之「背心」，然而卻要長許多。《石林燕語》云「背子本半臂」，所謂「半臂」，原來是武士之服。顧名思義，是袖長至肘的一種服裝，故多為武人服之。而「背子」其袖更短於「半臂」，且至於無袖。據《老學庵筆記》卷二云：「往時執政簽書文字卒，著帽，衣盤領紫背子」，可知其已是一種正式的服裝，而為士庶所服。同時，「背子」也是女子所常穿著，如媒人就多穿「背子」（見《東京夢華錄》卷五）。「背子」據《演繁露》卷八的說法，本為短至腰間而已，可是到了北宋中期，乃有「長背子」出現。《石林燕語》卷十也說有長袖的「背子」。此皆為其自武人之「半臂」演變成「背子」後的變體。因為「背子」不用帶以束裡衣（或者即有帶子亦不用）〔註5〕，甚為方便，故乃為貴庶、男女所喜服用。又據《桯史》卷五云，在徽宗宣和時，「京師士庶競以鵝黃為腹圍，謂之腰上黃」，僅有腰部一圈鵝黃色，這當是宋徽宗時流行的裝扮。在宋代，黃衣是禁忌，因為宋太祖即是黃袍加身而做了皇帝，士庶貴賤乃不敢全身皆服黃色〔註6〕。此時雖僅在腰部有一圈「腰上黃」，

〔註5〕據《老學庵筆記》卷二云：「背子」本有垂帶，且用「勒帛」束之以為禮。可
　　　　是北宋時人多散於腰間，後來蔡京為相時，更乾脆廢去「勒帛」。

〔註6〕據《潁川語小》卷下云：「國朝之令，非婦女、小兒不許衣純紅黃。」可知服

或也聊勝於無吧。

　　汴京之夏日，恐怕十分炎熱，故有「紗公服」的出現，而一般平民以紗為衣，也是很普遍的。如《萍洲可談》卷二記載了京師之人，以撫州的蓮花紗為暑衣，而以蓮花寺尼所織為最好，至於寺外人家的織作品，則已落下品，連價格都差了二、三成。《侯鯖錄》卷六也記錄了在宣和五、六年間，「上方織綾，謂之遍地桃」，大概是用桃為綾布的花樣，而為京師人們所喜用。當然，這些綾羅綢緞、絲織品，能買得起、穿得上身的人家，非富即貴，一般老百姓是買不起的。流行與時代潮流，究竟不是由他們所決定，而這也是何以在各種記載之中，所錄者絕少站在一般平民的角度而論的緣故。他們雖然佔了絕大多數，卻也是最沈默的一群。不過，時代潮流對他們的影響也最小。他們雖不是歷史舞台上的主角，但卻是歷史舞台的構成者。

三、各職業人等服色

　　以上述說了北宋時男子的衣冠服飾，而在汴京，各行業人也有固定的服色，據《東京夢華錄》卷五云：

> 其賣藥賣卦，皆具冠帶。……其士農工商，諸行百戶，衣裝各有本色，不敢越外。謂如香鋪裏香人，即頂帽披背。質庫掌事，即著皁衫角帶、不頂帽之類。

賣藥、賣卦者，多是讀書人出身，故服冠帶。而當鋪執事著黑衣、繫角帶，則有點像是一般小官吏了，只是他們不戴帽子而已。正因為各行業人「衣裝各有本色」，故「街市行人，便認得是何色目」。其它，又如卷二「飲食果子」云：「有街坊婦人，腰繫青花布手巾，綰危髻，為酒客換湯斟酒」，當時稱為「焌糟」，蓋為酒店之服務人員。後又云酒店中托磁缸、小盤賣辣菜、乾果的小兒，則是「著白虔布衫，青花手巾」。卷五「娶婦」云媒人是「上等戴蓋頭，著紫背子，……中等戴冠子，黃包髻、背子。或只繫裙，手把青涼傘兒」的打扮。卷七「駕回儀衞」云在宣、政間的妓女「乘馬，披涼衫，將蓋頭背繫冠子上」〔註7〕。又據《醴泉筆錄》卷上，謂都下妓女尚製旋裙，所謂旋裙，

紅、黃二色為衣著之禁令。此外，北宋時戎服用緋，近於紅而非純紅。直到南宋後，戎服也改服皁色。總之，紅、黃二色在宋代，是禁止普通人民服用的。

〔註7〕在宣和以前，妓女出門時，則為乘驢（參見《醴泉筆錄》卷上）。

是一種前後開胯，以便騎乘的裙子。以上所述，即各色職業人所穿的服裝，由於各有各的規矩、服制，所以都人就容易辨認了。

在北宋時，於各階級間服色的規定頗為嚴格，禁止人民有僭越的行為（其實，歷代政府皆如此）。拿衣服來說，北宋政府即曾先後禁止庶民服紫、黃、紅色。而士大夫階級的冠服，也不是升斗小民所能穿戴的。不過，這項禁令的執行到後來並不那麼徹底了，人們在服色上僭越的情形所在多有。在徽宗大觀四年十二月，又詔曰：「京城內近日有衣裝雜以外裔形製之人，以戴氈笠子、著戰袍、繫番束帶之類，開封府宜嚴行禁止。」則在當時，穿著外國服裝、帽子，亦屬違法了（見《能改齋漫錄》卷十三「詔禁外製衣裝」），可見北宋政府對於人們在「衣」上的干涉，實在不小。

第二節　婦女服飾

上節述及北宋汴京男子的冠服，包括了士大夫與平民男子的冠、衣、裳，以及各職業人之所服。以下，即自冠戴、衣、裳以及妝飾三方面，來說明北宋汴京婦女的衣飾風尚。

一、冠　戴

在冠戴方面，據《燕翼詒謀錄》卷四云：

> 舊制，婦人冠以漆紗為之，而加以飾，金銀珠翠，采色裝花，初無定制。

可知在宋初，婦女一般以漆紗為冠，如男子之幞頭然。而為求美觀，難免於冠上加之以金銀珠翠的裝飾。可是後來愈趨華靡，故在真宗大中祥符元年二月，下詔「非命婦不得以金為首飾」（據《燕翼詒謀錄》卷二引）。到了仁宗，則沿真宗之舊禁。據《宋朝事實》卷十三云仁宗於景祐二年五月九日，

> 謂近臣曰：訪聞市肆以縷金為婦人首飾冠子及梳等潛將貨賣。況先朝已有制條，禁銷金之作，今縷金之用，耗盡奢侈，與銷金無異，須議行斷絕。

「銷金」、「縷金」皆是以金為飾，真宗、仁宗二朝俱嚴禁之 [註8]。婦女既不

〔註8〕《東軒筆錄》卷十云在英宗時，以及《雞肋編》卷中云在欽宗時，亦均嚴禁銷金，然據二書所載，猶不如真宗、仁宗二代之嚴格。

能以金飾冠，於是將心思轉至冠的樣式與質料上，據《塵史》卷上的記載，云最初婦人首冠，「用以黃塗白金、或鹿胎之革、或玳瑁、或綴綵羅爲攢雲五岳之類」，仁宗禁飾金，又禁用鹿胎革及玳瑁爲質料，於是改用「白角冠」，白角當係牛角，以代替玳瑁，作爲冠飾。並且冠之型製也越來越大，據《燕翼詒謀錄》卷四云仁宗時宮人用白角爲冠、梳，「冠之長至三尺，有等肩者，梳至一尺」〔註9〕，也因此謂此冠爲「垂肩」、「等肩」，又因傳自宮中，所以又叫做「內樣冠」（見《清波雜志》卷八）。由於冠、梳如此之長，以致於婦女在上、下車轎時，皆須側首以入。這自然造成了許多不便，且此冠之重量恐亦不輕，能行若無事地頂在頭上，只怕不易，然一般婦女則仍樂此不疲。直到仁宗皇祐初，以爲太過華靡而禁之，據《燕翼詒謀錄》卷四云：

> 皇祐元年十月，詔禁中外不得以角爲冠、梳，冠廣不得過一尺，長不得過四寸，梳長不得過四寸。〔註10〕

此項禁令，嚴格執行到仁宗末年，然據《燕翼詒謀錄》云：

> 其後侈靡之風盛行，冠不特白角，又易以魚枕〔註11〕；梳不特白角，又易以象牙、玳瑁矣。

非惟故態復萌，且變本加厲了。

據《塵史》卷上的記載，又有「團冠」。原本是「編竹而爲團者，塗之以綠」，後來逐漸講究，乃以角爲之。將「團冠」加長，彎曲其四角，低垂至肩，稱爲「軃肩」。將「軃肩」的四角拉直、變短，則成爲「短冠」。將「團冠」兩側削平，而將前後加高，則稱作「山口」。這「軃肩」、「短冠」、「山口」都是「團冠」的變體，也是當時流行的樣式。這些冠子今日已難想像其型製，只知其爲方冠，本用竹爲質料，後以角爲飾。除了上述上層社會流行豔麗華靡的冠子之外，據《東京夢華錄》卷九「宰執親王宗室百官入內上壽」云教坊女童隊「或戴花冠……或卷曲花腳幞頭」，則大概是在盛典或表演時才戴，一般人也是不能戴的。

在北宋一百七十年間，以眞宗、仁宗二朝，對婦女之冠服限制最嚴，其

〔註9〕北宋時，「梳」不只是婦女整理頭髮的用具，並且還將「梳」插在頭上，一方面是便於隨時梳理；另一方面，這也成了一種裝飾。
〔註10〕《清波雜志》卷八則云：「皇祐初，詔婦人所服冠，高毋得過七寸，廣毋得逾一尺，梳毋得逾尺」，與《燕翼詒謀錄》卷四所載互有異同。
〔註11〕「魚枕」又作「魚魷」，乃是魚頭骨一塊近似「丁」字形之骨。可爲冠飾，稱「魚枕冠」，如蘇軾即作有「魚枕冠頌」。

違禁者有罰，而告者有賞〔註12〕。如在眞宗時杜婕妤身爲昭憲太后姪女，只因服銷金之服，而被眞宗送往太和宮，迫其出家爲女道士。然而在其它前後朝，則於女子冠服並無嚴格限制（或有限制而未嚴格執行）。婦女的衣冠服飾乃日漸多采多姿。大體上，北宋時尙高冠長梳，至於冠子本身，有飾以金銀，有綴以珠翠，有以鹿胎革，有以玳瑁，有以白角，有以象牙、魚枕，比起早先之用漆紗、綵羅，可謂變化多端了。

在一般婦女外出時，則多戴帷帽，這是唐代婦女所傳下的，至於在唐以前，則用「冪羅」，「冪羅」相當於北宋時的「涼衫」，是罩住全身，以避風沙的。後來逐漸變短，成爲「拖裙到頸」的帷帽了（見《珩璜新論》卷四）。《清波雜志》卷二亦云：「婦女步通衢，以方幅紫羅障蔽半身，俗謂之蓋頭」，蓋頭與帷帽型製相似，爲宋代婦女出門所必服者。又據《席上腐談》云有「罟姑」，紅色，「體長而頭尖，儼如靴形」，蓋亦當時婦女所習戴者。

二、衣、裳

自古至今，婦女的衣冠服飾總是最善變的，故周輝於《清波雜志》卷八云其「自孩提見婦女裝束，數歲即一變」，人人競以新奇，冀能創造時尙。而求新奇太過，非流於怪異，即趨於奢靡。也因此在北宋時，對婦女的裝束也有許多的禁令。除了前面已提到過的冠飾之外，在衣服方面，因眞宗、仁宗二朝禁銷金、縷金，禁止以金飾衣服。在仁宗景祐三年後，甚至連用眞珠裝飾衣服，亦在禁止之列。當時雷屬風行，有貴家女子因服銷金之衣，而被出爲道士，有金匠爲民造銷金，而遭刺配。眞是上自宮披，下至庶民百姓，「犯者必置於法」〔註13〕。此禁到了仁宗以後，也與首冠之禁一樣，逐漸遭漠視，最後終於成爲並無法律效力之具文。究竟，愛美是人的天性，更爲女人視如生命，期望以法限制女子的服裝，不但沒必要，而且定然無效。

在女子的衣裳方面，亦同男子一般，衣用衫、襦、襖，衫是較薄且袖較短窄者，襖與襦則較厚，中有夾棉絮。至於下裳，則先著褲子，外束以裙，而中下階層的婦女，因勞動的需要，則多不著裙。另外，如前所述，婦女亦

〔註12〕如《醴泉筆錄》卷下即記錄了在仁宗時，錢明逸任開封府尹，於婦女冠服之禁，「重其罰，告者有賞」。
〔註13〕眞宗因自己本身喜歡，所以未全然禁銷金。可是仁宗就不同了，他從己身做起，屛絕銷金、縷金等情事。

著「背子」，是穿在衣裙之外，據《事物紀原》云，當時的「背子」，「長與裙齊」，可能男、女所穿的「背子」還是有別，女子所著要長得多。《桯史》卷五云宣和時「京師士庶競以鵝黃爲腹圍，謂之腰上黃」，非僅如此，實則婦女似多有於腰間衣外以物圍腹的習慣，如《東京夢華錄》卷二「飲食果子」所云爲客換湯斟酒的婦人，即是「腰繫青花布手巾」。只是到了北宋末年，又用較爲尊貴者始能服的鵝黃色圍於腰間罷了。

　　婦女的衣服，到了北宋末年的宣和、靖康之際，有越加短小緊身的趨勢。據《燼餘錄》乙編云：

> 宣靖之際，內及閨閣，外及鄉僻，上衣偏窄稱其體，襞開四縱而扣之，曰「密四門」。

此是上衣，至於下身的褲，《燼餘錄》續云：

> 小衣偏管開縱而扣之，曰「便襠」，亦曰「任人便」。

可知此時婦女的衣、褲均十分貼身，以致必須開縱而扣之，否則恐怕穿著時不便。《桯史》卷五也云宣和時「婦人便服，不施衿紐束身短製，謂之『不製衿』」，則此衣爲短、緊，且不用鈕扣，與前述之「密四門」異製，然二者皆有一共同的特點，即其服製愈趨偏窄而束身。至於在下身的裙方面，則有「旋裙」。說已見於前，乃是妓女之所服，可是到了後來卻連士大夫家亦樂服此，衛道者亦以此而不滿，然這未始不是服飾上的一種進步。

　　在衣服的花色方面，《萍洲可談》卷一云在元祐時，「京師衣飾，畫作雙蟬」。前述冠帽時，又有「遍地桃」的花樣，或亦用於衣裳。《老學庵筆記》卷二則云：

> 靖康初，京師織帛及婦人首飾衣服，皆備四時。如節物則春旛、燈毬、競渡、艾虎、雲月之類；花則桃、杏、荷花、菊花、梅花皆併爲一景，謂之「一年景」。

亦爲新奇、別緻的花色。可知當時衣服或紡織品上，除了用花爲裝飾外，應時節物的春旛、燈毬、競渡、艾虎、雲月也是常用的裝飾。而在靖康時，將這些花樣全數放在一起，謂之「一年景」。另外，則多是在衣上繡花，如《老學庵筆記》卷二云：「袴有繡者，白地白繡，鵝黃地鵝黃繡，裏肚則紫地皀繡」，《東京夢華錄》卷三，亦云在相國寺兩廊，有「諸寺師姑賣繡作」，而在相國寺南，甚至有一條巷子稱「繡巷」，「皆師姑繡作居住」。可見北宋時，繡作之盛。而其用之於衣裳者，亦必不少。與繡作類似的是「刻絲」，宋時以定州刻

絲最有名，據《雞肋編》卷上云「如婦人一衣，終歲可就，雖作百花，使不相類亦可」，足見所下工夫之大，其精緻華美，爲後世所不及。

三、妝　飾

　　以上敘述了北宋汴京婦女的穿著，接下來看看婦女的打扮及妝飾。追求美是人類的天性，女性爲使自己看來更美，而用化妝及戴首飾的方法來襯托自己，富貴人家尤其注重妝飾，甚至以之爲表現自己身分的工具，而彼此爭奇鬥豔。「美」在此時尚餘幾成，則頗值得懷疑。先看首飾方面，據《燕翼詒謀錄》卷二，在眞宗大中祥符元年二月，詔曰：「非命婦不得以金爲首飾，許人糾告，並以違制論」，可知在眞宗時雖禁銷金，但是命婦以上，其首飾則准用金。又據《宋朝事實》卷十三云，於仁宗景祐三年，亦詔曰：

> 凡命婦，許以金爲首飾及爲小兒鈴鐲用，餘以爲釵簦釧纏珥環者，
> 聽之。……非命婦之家，毋得以珍珠裝飾首飾衣服及項珠、瓔珞、
> 耳墜、頭㡌、抹子之類。

所謂「命婦」，即受過封號者。據此，則一般平民人家的婦女，除不准用金之外，尚不許以珍珠爲飾，其意在禁止人民奢侈僭越。不過，也只有在眞宗、仁宗二朝才有如此嚴格的限制，在其它時候，則多睜一隻眼，閉一隻眼。以致後來，只要有錢就能穿戴已往只有命婦才准有的首飾了。

　　以上所述，爲屬富貴人家，至於普通婦女，殊少穿金戴銀，掛珍珠項圈、瓔珞者。而多是以金、銀箔或繒、羅剪成各種樣式（如小旗、花、蝶、金錢狀），懸之鬢邊，即如立春人日所戴之春勝、人勝然，（參見後「歲時生活」部分），以爲妝飾。又據《歲時廣記》卷十一引《歲時雜記》，云在上元時京城婦女戴鎝毬、鎝籠，「大如棗栗」，又加珠翠之飾；同時又有以繒、楮剪成的「玉梅、雪梅、雪柳、菩提葉及蛾蜂兒等」，也都是戴於頭髮上的裝飾，此處雖云婦女在上元時做此打扮，然於平日亦可能即如是，由此也可以略見北宋時婦女的頭飾裝扮了。

　　在北宋婦女的化妝方面，也同裝束般，是「數歲即一變」的。《楓窗小牘》卷上即云：「汴京閨閣，妝抹凡數變」，以下又敘述了北宋時頭髮式樣的演變，云：

> 崇寧間……作大鬢方額。政宣之際，又尚急把垂肩。宣和以後，多
> 梳雲尖巧額，鬢撐金鳳；小家至爲剪紙襯髮，膏沐芳香。

「大髻方額」，是將頭鬢間之髮，修剪成一固定樣式，「急把垂肩」可能類似於漢代的「墮馬髻」或是羅敷所梳的倭墮髻，大抵是將頭髮攏在一邊，垂於肩背。至於宣和以後所梳的「雲尖巧額」，則與神宗時的「大髻方額」恰相反。而由「髻撐金鳳」、「剪紙襯髮」二句，可知當時女子必尚高髻，否則無須如此。

　　至於在婦女的眉毛方面，古時婦女以黛畫眉，黛是一種青黑色的礦物，用時須先在硯上研碎之後，調水以畫。到了後周宣帝時，始有以墨畫眉者。到了宋代，則婦女多以墨畫眉了，一來宋墨品質甚好，二來以墨畫眉也遠爲方便。據《清異錄》卷三的記載，時有妓名瑩姐，畫眉能「日作一樣」，惜不傳，未知其式樣如何。當時婦女亦有塗唇膏者，謂之「口脂」，男子亦用之。在早先的時候，這是用來防止因天冷而導致口唇皮膚乾裂。可是到後來，唇膏的實用價值降低，婦女們轉而以之來增加自己的美觀了。而在臉面上，宋代婦女除了抹臙脂之外，尚用「面花」，又稱「面靨」，以畫或貼於面上。據《孔氏談苑》卷一云：

　　　　契丹鴨淥水出牛魚鰾，製爲魚形，婦人以綴面花。

《孔氏談苑》卷五述面花乃「起自上官昭容，以掩點跡」，並云唐大曆以前「士大夫妻多妒悍者，婢妾小不如意，輒印面，故有月點、錢點」，爲面花之源起，化缺陷、傷痕爲美，可見婦女巧思了。

　　以上所述，爲北宋貴庶男女冠服妝飾的大概情形。從服飾上，可以瞭解到一個朝代的風氣與時代的精神。以宋代來說，宋初的簡樸，眞宗、仁宗二朝的崇尚節儉，而此時正是海內艾安、國富民樂的一段時期。然於北宋中期之後，風氣漸趨奢華，至徽宗時尤至頂點，此時在服飾方面也越加華麗，適與社會風氣相襯。然而繁華之極，卻也往往是衰敗之始，宋末種種新潮的服裝、樣式，人以爲「服妖」，甚而以之爲滅亡的徵兆〔註14〕。事實上，北宋的滅亡是必然的結果。因爲，社會之演變有其必然的趨勢，而奢靡繁華必導向滅亡。「服妖」之說，只是因緣於此時而已。此外，本文在述及服飾時，全以筆記小說所載者爲主，實則在作此方面研究時，應加以出土資料以及傳世圖畫。究竟，這是實際的東西，文字的記載再詳盡也比不上實物。因此，本文在作此方面陳述時恐有未盡清晰處，此則俟後日資料完足，徵之圖畫與考古資料，方能做更進一步的說明。

〔註14〕如將「不製衿」諧音成「不制金」，「腰上黃」諧音成「邀上皇」，「並桃」、「遍地桃」諧音成「並逃」、「遍地逃」等。

第四章　汴京的住與行

　　要探討北宋汴京人民「住」的方面，須先對當時建築的水準及概況有一瞭解。首先，在建築技術水準上，由於五代時中原遍地狼煙，唯江南、四川等地較稱安定，也較有餘力發展文化及推動各項建設。因此，當時江南地區的建築水準亦較高，如在宋初，京師的重大工程，每由浙東木工喻浩（喻或作預，浩或作皓）主持之，即為明證。喻浩著有《木經》三卷，今佚。哲宗元符三年時，則有李誠著有《營造法式》三十四卷，皆是記載建築法式、技巧的專書，亦可看出北宋時建築水準之高。

　　其次，由於坊市制及宵禁在宋代的徹底被破壞，故於人民居住的環境也有極大的改變。在汴京中，市集遍佈市區的各處，商業區和住宅區已不可分，從而改變了都市的形貌與人民居住的環境以及生活的習慣。以下，就從住屋之相關法令以及汴京各類人民居住之狀況，作一大概介紹：

第一節　住（含器用）

　　在汴京民居的相關法令方面，據《宋朝事實》卷十三云在仁宗景祐三年，詔天下士庶之家：

> 凡屋宇，非邸店樓閣，臨街市之處，毋得為四鋪作及鬥八；非品官，毋得起門屋；非宮室寺觀，毋得綵繪棟宇及間朱漆樑柱牕牖、雕鏤柱礎。……

所謂「鋪作」，即為「斗拱」，是一種用於樑柱間的特殊結構方法，本來的作用是為了承擔樑、頂的重量而置，可是到了後來，其美觀的目的卻大於實用

的目的。至於「鬥八」，即爲藻井，也是一種屋頂特殊結構方法，是將屋頂的
重量平均延至四柱，多爲八角型，但至後來藻井也成了裝飾意味較重的一種
結構花樣了。至於「門屋」，則是將大門處即建以屋宇，通常只有官員或大戶
人家方如此，甚者且建爲門樓。

　　從《宋朝事實》的記載，我們可以知道，在北宋時，汴京庶民百姓的居
所，不得有斗拱、藻井、門屋等富貴人家或廟宇才許有的樣式。同時，連屋
子牆、柱、樑、牖的顏色，也有限制，不許彩繪其上。總之，是不許民眾的
住屋，有僭越自己身分的情形發生。在張擇端的「清明上河圖」及王希孟的
「千里江山圖」中，即繪有許多城市及鄉村住宅之形相，可知當時住宅己多
爲瓦頂，亦有少數爲茅屋。在宋代，磚瓦的應用已極爲普遍，故中上人家之
住宅乃多以磚、瓦構成，瓦作青、灰或黑色，比較前代之土屋、茅屋，實有
進步。同時「琉璃瓦」的燒製，也有相當水準，且已達到規格化的地步，如
祐國寺塔，即全身以琉璃瓦貼成，屹立至今，但這恐怕就非一般人民所能用
者。另外，「清明上河圖」中所繪一般民居多是平房，大概只有富貴人家或是
酒樓正店，方造樓房。平民人家也非家家皆得用磚瓦的，貧窮人家就多有用
草筋泥壁，以草葺頂者。如「清明上河圖」中之城內外，即有一些蓆棚、茅
屋，類似違章建築者，即這些中下階層平民之住所。《東京夢華錄》卷三「諸
色雜賣」亦記此類下層人民的住宅：

　　　　其後街或閒空處，團轉蓋局屋，向背聚居，謂之院子，皆小民居止。
其所居如此，則住屋之狹隘、環境之惡劣可知。《清異錄》卷三「屋室」亦云：

　　　　貧者以屋不露明，上安油瓦以竊微光。又或四鄰局塞，則半空架版
　　　　壘垛箱筥，分寢兒女，故有假天假地之稱。
貧窮人家所居逼塞如此，雖不至貧無立錐，但比之富貴人家的高樓廣廈，自
不可同日而語了。

　　這些中下階層的勞動者，除了在巨宅貴家之狹縫間覓地安身外，因勞動
工作之需要，也多住在水陸運輸中心附近，如汴河兩岸，即多爲勞動者所聚
居，又據《東京夢華錄》卷二「酒樓」云，馬行街上之大小貨行巷，「皆工作
伎巧所居」，皆是在河運與陸運卸貨之處。中下階層勞動者居於此，自是基於
工作的需要了。

　　在北宋極盛時，汴京人口超過百萬，其中有極大比例，皆是由外地來京師
討生活者。汴京城雖經數次擴建，然城市面積仍然有限，欲容納如此大量的人

口自然非常困難。有錢人固可以擁有巨宅庭園，至於一般老百姓，就只能擁有像前面《清異錄》卷三或《東京夢華錄》卷二所記，那般的居住環境了。

　　至於一些高級官員或貴族的宅第，就要氣派得多了。並且，一些名人賢臣之宅，還往往成為坊里間的標幟。如王明清《揮麈前錄》卷二，即有「濮洲李家」、「看樓李家」、「念佛橋李家」、「金水門陳家」、「三槐王氏」、「青州王氏」、「太子巷王氏」、「九院王氏」、「張侍中家」、「廟後賈氏」、「宣明坊宋氏」、「安州宋氏」等名人宅第。《話腴》乙集卷上亦記有「桐木韓氏」。另外，《東京夢華錄》在敘述京師坊巷時，亦以這些名人宅做為一地之重要標幟。如御街東的「鄭太宰宅」、「劉廉訪宅」，御街西龍津橋南的「鄧樞密宅」、「曲子張宅」、「明節皇后宅」，潘樓東街北的「趙十萬宅」、「鄭皇后宅」等，有些儘管已換了主人，而居民們猶沿原有稱呼，則此時這些名人宅已成了路標而為一地之代表了。

　　這些富貴人家的宅第，自不是普通人家所能望其項背的。據《夢溪筆談》卷二十四云：

　　　趙韓王治第、麻擣錢一千二百餘貫，其他可知。蓋屋皆以板為笪，
　　　上以方磚甃之，然後布瓦，至今完壯。

所謂「麻擣」是以麻擣土塗壁，光此項花費即一千二百多貫錢，而一般一所宅子也不過三千貫錢左右（如《避暑錄話》卷下云張友正於汴京有別業，價三百萬錢，約合三千貫），則趙普宅第之華麗可知。《畫墁錄》卷一則記載趙普的宅子有「南北各七位」，「中位七間，左右分子舍三間」，且「後園亭樹制作雄麗，見之使人竦然」，足見其富麗堂皇的程度。大概也因富麗太過，所以後來被太祖藉故沒入。

　　另外，如北宋末的蔡京宅，也是當時汴京有名的大宅。蔡京宅為徽宗賜第，在閶闔門（梁門）外，「南臨汴水，北扰通衢，連楹千百，壯麗冠天下」（引自馬純《陶朱新錄》）。《清波別志》卷下則云：「蔡京賜第在都城之東，周圍數十里」，與在閶闔門外者，顯非一處，則或當時賜蔡京第不只一地。《老學庵筆記》卷五言及蔡氏宅中有六鶴堂，其宏敞非常，「高四丈九尺，人行其下，望之如蟻」，則其屋宇之高大宏偉，比之貧窮人家之「假天假地」，實無異於宵壤。

　　除了上述權貴之宅第外，據《東京夢華錄》卷二，「金銀綵帛交易之所」的「界身」，亦是富戶聚居處，此地「每一交易，動即千萬，駭人聞見」，而

其房舍則是「屋宇雄壯，門面廣闊，望之森然」，斯爲汴京的金融交易中心，能居住於此者，自是富室無疑。此外，據《鐵圍山叢談》卷四云：

馬行南北幾十里，夾道藥肆，蓋多國醫，咸巨富。

則馬行街亦是當時汴京巨富所居，而這些巨富乃出身於醫生，《東京夢華錄》卷三「馬行街北諸醫鋪」記錄了這些名醫，如「杜金鉤家」、「曹家獨勝元（丸）」、「山水李家口齒咽喉藥」、「石魚兒、班防禦、銀孩兒、柏郎中家，醫小兒」、「大鞋任家，產科」，皆爲當時名醫兼巨富。同時，此街尚有許多的「官員宅舍」。則據此可知，馬行街殆爲北宋時汴京的「名人街」，屬高級名流之住宅區。

以上敘述了汴京貴庶人民居住的情形，然尚有自外地入京考試、任官、作生意者，或由其它州縣流入汴京討生活的遊民，他們如何解決住的問題？據《東京夢華錄》的記載，有「無比客店」〔註 1〕及「熙熙樓客店」，當是汴京兩家有名的旅店，在汴京此類客店通常謂之「邸店」。由於汴京市中流動人口不少，故而這一類招待行旅客商的邸店大行其道。在宋代，經營邸店是致富的一條捷徑，如《友會談叢》卷上云「故滄州節度史米信，……京師龍和曲築大第，外營田園，內造邸舍，日入月算，何啻千緡」，亦可見邸店生意之興隆。據《東京夢華錄》卷三「大內前州橋東街巷」云，在保康門內街東沿城牆均爲客店，「南方官員、商賈、兵級皆於此安泊」。如「清明上河圖」中，在城門與虹橋間，即繪有一旅店，庭中歇馬數匹，門口正有行旅坐地休息。像這類邸店常常與酒肆、食店或住宅混雜不分。而邸店的規模，從高級到簡陋均有，以爲各層次的旅客提供服務。除了上面這些邸店外，如「驛」、「傳舍」等，是專供遞夫歇腳之處。又如「都亭驛」、「都亭西驛」、「同文館」等則爲專門招待外國使臣的賓館，均非一般人行旅歇息處，雖亦爲旅店之一種，然於此不贅述之。

除了住邸店外，尚多有僦屋以居者，這當是屬於長時間的租住者（雖然亦有許多人長時居住於邸店）。如《曲洧舊聞》卷四即記載了宋敏求校書極精，竟使得宋所居春明坊的宅子租金，要高於他處一倍。這是因爲當時讀書風氣盛，士大夫好讀書者咸僦屋居其側之故。《避暑錄話》卷下也記載了張友正賣

〔註 1〕 據《墨客揮犀》卷七云，以趙安仁宅爲客邸，因「材植雄壯，非他可比」，而謂之「無比店」。然與《東京夢華錄》中所述之「無比客店」似非一處，《墨客揮犀》所述者在麗景門內，是在內城東南；《東京夢華錄》所述者則在西角樓外踴路上，於內城西壁。依此，則當係二處。

了房子搬到水櫃街租屋與染工為鄰，每當染工染皁帛時，即以二百金先假其帛以練習書法。張耒《明道雜志》亦自云其應舉時，「已獲薦，赴南省，僦居省前汴上散屋中……牓將出，復至京師，寓相國一鄉僧院中」。由此可知，入京應試者亦多有僦屋以居者。同時，寺廟也是暫時寄居京師的一個好處所，相國寺即其中最有名者，寺內的僧院中，即有專門供旅客投宿、寄寓者，也為不少旅人解決了住的問題。

以上所述，即有關於北宋汴京人民住的問題，《清波雜志》卷八云：

　　大抵前輩治器物、蓋屋宇，皆務高大，後漸從狹小。

這其實是因為人口不斷增加的緣故。事實上，人口的壓力當是汴京人們在住的方面極大的問題。由於人口的增加，汴京屢次擴展城牆。然而，依舊跟不上人口增多的速度，乃造成了《東京夢華錄》所云，小民於「後街或閒空處」，「團轉蓋局屋，向背聚居」的結果。宋初雖已面臨這方面的問題，也曾嚴格禁止人民「侵街」的行為，但仍收不到效果。到了宋末，反而越演越烈。拓城所增加的面積還不夠所流入的外州縣民使用。同時，北宋政府在政策上亦有缺失，如宋徽宗在宮城東北方造艮嶽，佔地廣袤，又將宮城向北擴展，建延福宮。在已嫌不足的汴京土地上擴大自己的禁苑園圃，是以街道日狹、宮苑益廣，貧富日殊，民怨益甚了。尤其引起人民反感的，是北宋諸帝每好賜功臣第。初時尚以原有大宅以賜，可是後來賜第乃是毀百姓民居而為之。其大者整條坊巷均須拆遷，小者亦得毀數十戶人家。雖然對被拆遷人民有補償費，可是有了錢之後，卻無地再可造屋容身，造成人民流離失所，而民怨滋張。君王、貴族損眾民而奉一身的結果，人民甚者流為盜賊，即未為盜賊，民怨亦是一觸即發。北宋汴京在住的方面最大的癥結，就在王公貴族可以家連坊巷，而升斗小民卻幾至貧無立錐，以至必須好幾家人擠在一小塊地上。表面上看，這是人口壓力所造成，實際上，居上位者魚肉人民，以奉一己的政策要負很大的責任；表面上看，汴京呈現畸型的繁華，實際上，這其中也隱藏了嚴重的社會問題。

以上介紹了汴京市民住屋的外在形像，現在再來看看他們屋內的陳設及器用。據《東京夢華錄》卷三「寺東門街巷」云界身北巷巷口的宋家生藥鋪，「鋪中兩壁皆李成所畫山水」。《都城紀勝》亦云「京師只熟食店挂畫，所以消遣久待也」。宋代是繪畫藝術進入新境界的一個時代，在家中、店鋪內張掛書畫，以為裝飾，或是自當時開始。然於筆記小說中，僅見此二則記載，而

在宅中掛書畫者，則無所見。或是因爲當時此風未盛之故。至於在器用方面，則縷述如下。

首先，在坐具方面，中國人古來即席地而坐，本無坐具，如宋太祖、太宗雪夜訪趙普共吃烤肉時，便是在地上鋪了毛皮而坐。可知在宋初，北人恐無坐椅子的習慣，倒是江南則早有椅子，如「韓熙載夜宴圖」中，就有高背高腳椅。這大概因南方地氣潮濕，直接坐在地上，恐於身體健康有礙之故。自椅子傳至北方之後，結合了原有無靠背的几凳，而發展出各種樣式，遂成爲家中不可缺少的用具了。

几、凳、交椅、胡床、繩床皆爲宋時坐具的名稱，據《演繁露》卷二云：

> 几者、坐具也，曲木附身以自捧抱。

言其形象，則：

> 大率如今之胡床，頂施曲木，而俗以抱身、交床名之，是其象矣。
> 第古無繩床，旣爲坐具，必是施板。

《貴耳集》卷下亦云：

> 今之校椅，古之胡床也。

可知此數者原係一物。本無靠背，施板爲座的几即是宋代的胡床、交床。至於繩床則是將板換爲繩，如《學林》卷四云：

> 繩床者，以繩貫穿爲坐物，即俗謂之交椅之屬是也。

可以明之。而因交床、胡床太過笨重，相傳自唐明皇時即有改良、輕便的胡床問世，稱作「逍遙座」，據《清異錄》卷三「陳設門」云：

> 胡床施轉關以交足，穿便條以容坐，轉縮須臾，重不數斤。……當時稱「逍遙座」。

它有兩項革新，一是可以折疊，二是如繩床般，以條穿之容坐。率皆爲攜帶方便而設計者，當係坐具史上之一大發明。

坐具史上之另一大發明，當是爲之加上靠背，大抵宋人稱爲「床」者爲無靠背，稱爲「椅」者爲有靠背。故《貴耳集》云當時的「校椅」，「自來只有栲栳樣」，可見係有靠背者。又據《揮麈三錄》卷三云在紹興初即有頗便於假寐的交椅，其樣式爲：

> 用木爲荷葉，且以一柄插于靠背之後，可以仰首而寢。

則與今日的椅子已無兩樣。同時，在宋人畫中，早有已加上靠背之椅，可知其於宋代必極爲流行。但是，據《老學庵筆記》卷四引徐敦立之說云：

　　　　往時士大夫家，婦女坐椅子、兀子（當即「几子」），則人皆譏笑其
　　　　無法度。

顯然在北宋時椅子和凳子仍是不登大雅之堂之物。不過，這大概也只有北方保
守士大夫是如此。至於一般人，以其方便，則早就加以利用了。至於這些保守
的士大夫家中，既不可坐於椅、凳，乃以坐於床榻爲禮。古時的床榻並不像今
日只是睡覺的地方，而是飲食、讀書寫字皆於其上，故榻極大，且有在榻上專
用的几、案。這大體說來，仍不脫席地而坐的形式，只是將「地」改爲「榻」
罷了。而在北宋法律上，是有對榻做限制的，如《清波雜志》卷七云：

　　　　天聖七年，詔士庶僧道不得以朱漆床榻。

　　禁止人民僭用朱色。但未聞有對椅子的裝飾顏色施以禁令，這或許是認
爲椅子難登大雅的緣故吧。不過，這條仁宗時候下的禁令與他其它有關服飾、
屋宇的禁令般，到了後來已成具文。據《清波雜志》卷七云宣和時蔡卞家「雖
臥榻亦用滴粉銷金爲飾」，《清波別志》卷下也記載王黼爲相時，「於寢室置一
榻，用金玉爲屏，翠綺爲帳，圍以小榻數十」，其奢侈華麗，遠過仁宗時了。

　　汴京地處北方，多季寒冷，因此寒月每用火爐，《老學庵筆記》卷四云「火
爐床家家有之」。則此火爐床或如今日北方之「炕」，乃於其下燃炭取暖。甚
至還有能置之於被褥中的爐子（已見於《西京雜記》，則此物由來久遠），宋
時叫做「衾毬」（見《侯鯖錄》卷一）。至於在煖爐中，多燒以木炭。據《曲
洧舊聞》卷四，則至神宗後京師始有燒煤炭者，云：

　　　　石炭不知始何時，熙寧間初到京師，東坡作石炭行一首。

所謂石炭即煤炭。不過據《猗覺寮雜記》卷上的記載，於六朝時即有石炭了。
因此，汴京人家未必到了神宗時才開始用煤炭。據《老學庵筆記》卷五，云
在北宋時：

　　　　御爐炭率斲作琴樣，胡桃紋，鸜鴒青。

敘述了御用炭的形貌，則一般人民所用，雖不必精美如是，恐怕也是差不多的。

　　汴京人寒月用爐，暑月則有扇。在北宋時，一般人家多用團扇、紈扇。
而同時，又有自高麗傳入的摺扇，也極爲風行。據《雲麓漫鈔》卷四云：

　　　　今人用摺疊扇，以蒸竹爲骨，夾以綾羅，貴家或以象牙爲骨，飾以
　　　　金銀，蓋出於高麗。

此扇在高麗本只是銅質銀飾的紙扇，可是傳入中國後，乃變得更加華麗，至
有以象牙爲骨，綾羅作面者，據《老學庵筆記》卷三，則在宣和末尚有名爲

「不徹頭」的竹骨扇，只知爲短柄、木柄，而未詳其製如何。

至於在瓶、壺、盤、碗的日常用具上，宋瓷於型製、質地、色彩上所到達的高度，向爲後人所盛稱，幾個著名的窯業中心，如汝窯，位於汝州，上品淡青色而無紋，據《老學庵筆記》卷二的記載，則汝瓷爲北宋宮廷中所指定使用者，爲宋代第一。《清波雜志》卷五亦云其「內有瑪瑙末爲油」，貴重而難得。定窯也是宋代名窯，在定州，主要爲白瓷，宋代大內以此而不用定窯，別用汝窯，實則定窯上品不弱於汝。據《高齋漫錄》，則在江南有「秘色磁器」，爲錢鏐所進貢者。實際上即爲唐代的越州窯，宋代之龍泉窯、哥窯亦在此。據《雞肋編》卷上云，宣和中大內製瓷亦取於此。以上這些，都是北宋時的名窯，所燒的瓷器，不止在現在，就是在當時都是珍品。當然，亦有較粗糙者，如《老學庵筆記》卷二云：

> 耀川出青瓷器，謂之越器，似以其類餘姚縣秘色也。然極麤樸不佳，
>
> 惟食肆以其耐久，多用之。

無論精、粗，都是人民所不可缺少的日用品。此外，在前述飲茶時已言及，當時已有精緻茶器的製造，以長沙最有名（見《癸辛雜識前集》及《清波雜志》卷四）。又據《泊宅編》卷三的記載，尚有自日本傳入的「螺塡器」，即今所謂之「螺鈿」。另外，根據《至正直記》的記載，宋代還有「剔紅」、「堆紅」等漆器，用金或銀、銅、錫爲胎而製成；又有銀鍍金器等等。由以上所述這些瓷器、漆器、螺鈿等日常用具上，我們可以看出，當時於此方面是頗爲講究的，也才因此會有這許多高級的產品。然而，它們最大的主顧還是富貴人家，至於一般的老百姓，用得起這一類貴重用具的恐怕不多〔註2〕。

第二節　行（含交通工具）

在北宋汴京人民行的方面，由於汴京地處全國水陸交通之衝要，市民們陸則車輿，水則舟船。然仍是以陸路的車輿爲汴京人們所主要採行者，故亦

〔註2〕事實上，北宋政府也的確對人民器用加以限制，據《宋朝事實》卷十三，在
　　　　仁宗景祐三年時，限制人民「凡器用、毋得表裡用朱漆、金漆，下毋得襯朱。
　　　　非三品以上官及宗室戚里之家，毋得用稜器。其用銀稜者，毋得鍍金、玳瑁。
　　　　酒食之器，非宮禁，毋得用純金之器，若經賜者，聽用之。……宗室戚里，
　　　　茶擔子並食合，毋得以緋紅蓋覆。」則就算人民有錢，亦不許用。不過，這
　　　　在後來就沒有那麼嚴格了，法令至此，乃成具文。

爲本文敘述重點。至於水路的舟船，則附述於後。

在陸路方面，宋人的交通工具除了直接騎在馬、驢等牲口上外，可以分爲人抬的以及牲口拉的二大類。

在北宋時，百官上朝原是只許乘馬而不許坐轎的，而官員們只有在生病時，才特許坐肩輿上朝，《演繁露》卷七「肩輿」云：

> 百官得於寓京乘轎，自揚州始，後遂不復乘馬，惟從駕則乘之。祖宗時臣僚雖在外，亦不許乘轎也。……其宰相至僕射致仕官疾病者，許乘之。

《卻掃編》卷中也記載了司馬光爲相時，因疾病不能騎馬，而乘肩輿入朝。在一般百姓方面，騎乘馬、驢以爲交通工具，是十分平常的。如《東京夢華錄》卷四「雜賃」云：

> 尋常出街市幹事，稍似路遠倦行，逐坊巷橋市，自有假賃鞍馬者，不過百錢。

則如今日的租車業，只不過出租的是馬，其價格亦稱廉宜。《東軒筆錄》卷九載許將即於深夜賃一馬，於御史臺返回甜水巷家中，同時尚有馭者，當係以步行引馬而行者。《塵史》卷下「雜志」云：

> 京師賃驢，塗之人相逢，無非驢也。熙寧以來，皆乘馬也。

則是賃驢。無論出租的是驢或是馬，都爲市民們提供了在「行」方面的便利。像《東京夢華錄》卷七所記載汴京的妓女即多乘驢，到了徽宗宣政之際，更升格而乘馬。

至於在以人抬舁的交通工具方面，有轎、肩輿、檐子（擔子）、兜子、兜籠等等名目。其型製有繁簡之別，如轎是有壁、頂以爲障蔽者。兜籠及兜子，通常是最簡單的，本係只有座位而無轎廂，其型製大抵如今日四川地方的「滑竿」。肩輿與檐子則或以爲近於轎，或以爲近於兜子；在筆記小說的記載中，也是時而有頂、壁，時則無的。據《珩璜新論》卷四云兜籠，「乃今之檐子也」，更以兜籠、檐子爲一物。這可能因爲在北宋時，政府禁止貴庶乘轎，但對於無頂、壁的兜子，則無如此嚴格的限令。而人們好鑽法律的漏洞，既不許乘轎，則在兜子上加上活動的頂蓋，或於四週加以障蔽，如此則雖無轎子之名，卻有轎子之實。另一方面，將本無頂、壁的兜子加上頂、壁，使能擋風遮雨，也是極爲自然的。同時，這樣也比轎子爲輕便。然而如此一來，遂造成轎、肩輿、檐子、兜籠難分了。

據《宋朝事實》卷十三的記載，云在仁宗景祐三年詔曰：

> 民間毋得乘檐子及以銀骨鏇、水罐子，引喝隨行。其用兜子，所舁
> 毋得過二人。

可知北宋仁宗時且禁民間用檐子，而兜子內所乘坐者也不可超過兩人。據《東京夢華錄》卷四「公主出降」的記載，云：公主出嫁時所乘坐的「金銅檐子」，「高五尺許，深八尺，闊四尺許」，其中竟然可容六人，必須要兩竿十二人才抬得動。這是王公貴室特權擁有的，一般人則不容許如此僭越。像此等檐子出動時，「青蓋前導」，「前後用紅羅銷金掌扇遮簇」；同時，還有人「各執掃具、鍍金銀水桶前導洒之」，叫做「水路」。《清波雜志》卷二亦云在汴京行車時：

> 前列數人持水罐子，旋洒路過車，以免埃塺蓬勃。

另外，《研北雜志》卷下云，在北宋宮人乘車出入時，均「著前兵士呵唱車馬」，而南宋時乘肩輿，亦用之。由此可知，《宋朝事實》所云不准人民乘檐子及不許有「水罐子」、「引喝」，其意原是禁止人民僭越，而侵犯到居上位者的「權利」。一個人坐著由別人抬著的轎子雖然不合理，然而藉此來強調一個階級的特權，卻更是無謂。因此，宋仁宗時不准人民乘轎、檐子的規定，在後來也逐漸被打破，而漸弛其禁，甚至連庶民百姓，只要僱得起，都能乘轎。女孩子在結婚時，也例乘檐子，更是無論貴庶皆然。《清波雜志》卷二云，到了政和間，

> 詔非品官之家，不許乘煖轎。武臣任主兵差遣，緣邊安撫官走馬承
> 受，並不得乘轎。

已較仁宗時為寬了。《老學庵筆記》卷十記載了蔡京為相時，就「出入乘椶頂轎子，謂之太師轎子」。而《揮麈三錄》卷二記載了宣和中，蘇叔黨在京師，其所坐小轎卻是：

> 以物障其前……不設頂，上以小涼傘蔽之，二人肩之。

此轎卻無頂，則近於兜子了。《東京夢華錄》卷七則記載了貴家士女在暮春之際，「小轎插花，不垂簾幙」，而往遊春。則到北宋末年時，無論士庶男女，出入乘轎已為尋常了。

從以上所述，亦可見宋代於轎、肩輿、檐子、兜籠諸名物間混亂相雜之情。有為轎而無頂者，亦有兜籠、檐子有頂、壁者。不過，不管名目如何，其人抬人的基本樣式是不變的，只是其上有從簡單的椅子至大如小房間者的

不同而已。

　　前述《揮麈三錄》卷二有云打了涼傘的轎子，據《石林燕語》卷三云：「唐
至五代國初，京師皆不禁打繖」。「繖」即是「傘」，可知宋初人們在暑日外出
打傘是非常普遍的。《清波雜志》卷二亦云：

> 京城士庶舊通用青涼繖。大中祥符五年，唯許親王用之，餘並禁止。
> 六年，始許中書樞密院依舊用繖出入。近時臣寮建議士庶用皀繖者，
> 不聞施行。

《石林燕語》卷七、《春明退朝錄》卷下亦有相同記載。《春明退朝錄》更言
明是在祥符「五年九月」及「六年六月」。原本京城士庶用來抵擋暑日的青涼
繖（《春明退朝錄》作「青絹涼繖」），在眞宗之後竟然變成只許親王、大官所
專用，實亦毫無理由如此。

　　以上所述爲用人力抬舁的轎、檐子之屬。下面再敘述運用獸力的車。

　　拉車之牲口，不脫馬、牛、驢、騾。車與轎子不同，轎子表達身分地位
的意義似要大過其爲交通工具之意義。車則以實用爲目的，意在節省人力。
也因此，車除了是宋代人們理想的交通工具，更是當時重要的運輸力所在。
此處「車」的部分即從載人與載貨兩方面來敘述這重要的交通、運輸工具。

　　在載人的車方面，《東京夢華錄》卷三「般載雜賣」云有「宅眷坐車子」，
謂「與平頭車大抵相似，但穰作蓋，及前後有構欄，門垂簾」，是由一頭牛來
拉，車廂前後有欄，駕車者或坐在牛側，或行於其旁。此車雖只獨牛拉曳，
然載人恐不少。《東京夢華錄》卷四「皇后出乘輿」則云：

> 命婦王宮士庶通乘坐車子，如檐子樣製，亦可容六人，前後有小勾
> 欄，底下軸貫兩挾朱輪，前出長轅約七、八尺，獨牛駕之。

適可爲前云「宅眷坐車子」註腳。同時，亦有無頂的車，亦即不以穰爲蓋者。
似這一類的車子，在汴京城中且有專門租賃之者。

　　北宋汴京的婦女出入非坐轎子即乘車，《老學庵筆記》卷一記載云：

> 京師承平時，宗室戚里歲時入禁中，婦女上犢車，皆用二小鬟，持
> 香毬在旁。而袖中又自持二小香毬，車馳過，香煙如雲，數里不絕，
> 塵土皆香。

可見其派頭，幾可與皇帝出入時之「行香」一別苗頭了。

　　在汴京，一般平民乘車多是犢車，即牛車。至於馬車，則是富貴人家的
專利了。在宋仁宗時，且對車子的顏色做了限制。《宋朝事實》卷十三云「毋

得用朱漆及五彩裝繪，若有黑漆而間以五彩者，聽之」，可以爲證。此外，北宋政府雖規定在京城中不許張蓋用傘，然而據《塵史》卷上云：

> 然宗室之家乘車，比至乳保輩乘馬，皆張之。

《塵史》卷上還記載了宋神宗之後，「士大夫悉用夾青縑爲大扇，或加以青囊盛之，用芘其景」。稱之爲「障扇」，又稱爲「掌扇」（見《演繁露》卷十五）。到了哲宗紹聖年間，即禁止此俗，「障扇」乃變成皇室貴族所專用者。據《東京夢華錄》卷七云清明時禁中宮人的車即是「繡扇雙遮，紗籠前導」，可以爲證。

在載貨的車方面，於《東京夢華錄》卷三「般載雜賣」中，有詳盡的介紹，茲敘述如下。首先，是「太平車」，《東京夢華錄》卷三「般載雜賣」云：

> 東京般載車，大者曰「太平」，上有箱無蓋，箱如構欄而平，板壁前出兩木，長二、三尺許，駕車人在中間，兩手扶捉鞭綏駕之、前列騾或驢二十餘，前後作兩行；或牛五、七頭拽之。車兩輪與箱齊，後有兩斜木腳拖，夜中間懸一鐵鈴，行即有聲，使遠來者車相避。仍於車後繫驢騾二頭，遇下峻險橋路，以鞭諕之，使倒坐緪車，令緩行也。可載數十石，官中車惟用驢，差小耳。

於此車之型製有極清楚的說明。至於此車何以謂之「太平車」，據《邵氏聞見後錄》卷二十二引沈括云：

> 今之民間輜車，重大椎樸，以牛挽之，日不能行三十里，少蒙雨雪，則跬步不進，故俗謂之「太平車」。

《癸辛雜識續集》中則謂爲「北方大車」，云「可載四五千斤，用牛騾十數駕之，管車者僅一主一僕」。此車因爲體積龐大，載重量高，故須裝鈴鐸，據《癸辛雜識續集》云，「蓋防其來車相遇，則預先爲避。不然，恐有突衝之虞耳」。在車後繫二頭驢騾也是同樣的，因爲車太重，爲避免在下坡、過橋時危險，所以每逢這些路況，即以之來減緩車行速度，以求安全。而公家的「太平車」則全用驢，型製亦較小。

其次，是「平頭車」，《東京夢華錄》卷三云：

> 亦如「太平車」而小，兩輪前出長木作轅，木梢橫一木，以獨牛在轅內，項負橫木。人在一邊，以手牽牛鼻繩駕之。

此車比「太平車」要小得多，故只用一頭牛駕之，此車有個特點，即趕車人是坐或行於牛旁，而非坐在牛後車上驅策之。汴京的酒肆、正店多用此車來

載酒。

　　接下來是獨輪車，有二種，其一是用驢在前拽，而車之前後左右各有一人，以保持車體的平衡，此車多用來「般載竹木瓦石」。另一種獨輪車則較小，沒有前轅，只單憑人力操縱之，是一種手推車，通常是一或二人推之，此車由於車體小，故不用以載物，而多是一些賣糕的攤販沿街叫賣的交通工具。

　　「浪子車」，《東京夢華錄》言其「平盤兩輪」，也是一種人力車，大概如今日之「板車」。

　　「痴車」，《東京夢華錄》云其「只有短梯盤而無輪」，多以之載巨木大石，能減省人力，然未知其型製。

　　以上所述，即北宋汴京陸路的交通運輸工具，至於在水路的交通方面，汴京城中有金水河、五丈河、汴河、蔡河貫穿其間，此四條河道中以汴河、蔡河與五丈河最具運輸之價值，每年均運輸大量的米糧物資，自南方入京。然而，在汴京市民們日常行的方面，卻未聞有運用到這幾條河道的。市內的交通，仍是以陸上的車、轎為主。倒是在《東京夢華錄》卷七「池苑內縱人關撲遊戲」云在暮春金明池開放時，

　　　　貴家以雙纜黑漆平船，紫帷帳，設列家樂遊池。宣政間，亦有假賃
　　　　大小船子，許士庶遊賞，其價有差。

是以船來遊金明池，甚至在每年暮春時，均有租船的行業應運而生。此雖不能算是汴京人的「行」，因為其重點是在遊池，是在娛樂上。不過，總也算是以舟船做為交通工具的了。

第五章　汴京人民的娛樂

　　娛樂一詞所包含的層面至廣，它源起先民於祭祀時娛神、酬神的慶賀行為，原本只是在特殊節日的一種活動。然而在都市的興起、社會的發達、分工的精細之後，原來是節日或御前的表演，變成一種職業，同時也不再只對特定對象服務，而成為人民在生活中的重要部份。

　　宋代汴京是一個繁榮的大都市，人民的娛樂亦多采多姿。事實上，在人們的休閒活動中，舉凡宴聚、冶遊、音樂、舞蹈、說唱雜技乃至節日中的各項活動，無一不在娛樂的範圍之內。而汴京市民於一年四時中各個節日的生活、慶祝情形，則主要在後面「歲時生活」部份敘述之。它們雖含括在歲時生活內，但有許多都在信仰性質之外包含了娛樂的意味，如上元觀燈、上巳遊春、清明競渡爭標、七夕乞巧、中秋玩月、重陽登高、春秋社日之社會，乃至除夕春節等。所謂「節慶」這詞，本身就包含了濃重的享樂慶賀之意。

　　本文於此，乃將敘述重點放在說唱雜技等偏於技藝方面及較為通俗平常的民間娛樂上，至於節慶、飲宴、冶遊等則非重點的所在〔註1〕。又，此處所述乃以一般平民的娛樂為主，士大夫的娛樂則僅在後略及之。

　　在汴京人民的娛樂方面，可以分為技藝與遊戲兩部份。所謂技藝，指的是特殊的技能，如說唱、雜技等等，是屬於表演性質者。而遊戲則是民眾自己可以參與的，並不需要特殊的技能，然有一定規則並有勝負者。以下即分別敘述此二者。

〔註1〕 節慶的娛樂，參見後第六章「汴京人民的歲時生活」部分；飲宴，參見前第二章「汴京人民的飲食」部分；冶遊，可參見第九章第一節「園林」部分。

第一節　技　藝

在宋代，雜技、說唱的藝人均有固定表演場所－「瓦子」。「瓦子」又稱「瓦舍」，據《夢粱錄》卷十九的說法，是取「來時瓦合，去時瓦解」之義，因為其中吃喝玩樂樣樣不缺，最能讓人流連忘返，故吳自牧以其為「士庶放蕩不羈之所」、「子弟流連破壞之門」，吳氏此言容或太過，然而《東京夢華錄》卷二「東角樓街巷」云「終日居此，不覺抵暮」，當非虛詞。汴京最有名的「瓦子」在潘樓街上，《東京夢華錄》卷二「東角樓街巷」云：

> 街南桑家瓦子，近北則中瓦，次裡瓦，其中大小勾欄五十餘座。內
>
> 中瓦子蓮花棚、牡丹棚；裡瓦子夜叉棚、象棚最大，可容數千人。

可見其規模。在瓦子中表演的項目也包羅萬象，據《東京夢華錄》卷五「京瓦技藝」中即有小唱、嘌唱、雜劇、傀儡戲、雜手伎、毬枝（「枝」疑當作「杖」）、踢弄、講史、小說、散樂、舞旋、影戲、弄蟲蟻、諸宮調、商謎、合生、說諢話、雜𠸄等等不同的表演。這些民間藝人，除了在瓦子勾欄設場之外，逢節日時並聚集獻藝，如《東京夢華錄》云在過年前，便由開封府在御街縛棚供藝人表演，一直持續到元宵。另外如六月二十四日二郎神生日於神保觀前亦有類似之表演。藝人們表現優良者，且還有機會在皇帝前一展身手。除了固定於瓦肆作場的民間藝人外，在政府所屬的教坊雲韶部與鈞容直〔註2〕及左右軍〔註3〕中，亦有歌舞、樂乃至百戲藝者，隨時供帝王呼索觀賞。另外，尚有所謂「路岐」者，原是民間樂人之稱，又稱「散樂」（據《雲麓漫鈔》卷十二）。可是到了南宋後，變成了「衝州撞府」，「不入勾欄，只在要鬧寬闊之處做場」的江湖流動藝人之代稱了。以下，就依序介紹這些歌舞技藝。

一、歌舞音樂

《東京夢華錄》卷六「元宵」云在御街兩廊下的歌舞百戲中有「溫大頭、小曹嵇琴、党千簫管……楊文秀鼓笛」，卷八云六月二十四日二郎神生日時呈

〔註2〕據《石林燕語》卷三及《澠水燕談錄》卷八的記載，「雲韶部」本名「簫韶部」，太祖開寶中設，為太祖討平南漢後用南漢的宦官組成的御用樂隊，後自然淘汰後即不復補。太宗太平興國中，又自禁軍中選取能樂者，成立軍樂隊，初名「引龍直」，後更名「鈞容直」。

〔註3〕據《東京夢華錄》卷九「宰執親王宗室百官入內上壽」云：「所謂左右軍，乃京師坊市兩廂也，非諸軍之車」。則為取自民間的教坊左右廂藝人。

百戲，有「鼓板」、「砑鼓」，這些當皆是是民間流行的器樂，而此類民間演奏樂器者即稱之「散樂」。據《都城紀勝》云，散樂是傳學自政府的教坊。教坊有十三部，屬於樂器演奏的有「大鼓部、杖鼓部、拍板色、笛色、琵琶色、方響色、笙色」，而市井樂人水準當不如教坊中爲高。據《能改齋漫錄》卷一的記載，於宋徽宗崇寧、大觀時，民間將鼓、笛、拍板混合起來演奏，稱作「打斷」，亦即是「鼓板」，由於民間以之演奏北方的蕃曲，故於政和年間禁之。但是民間仍不廢鼓板之戲，將之改頭換面，稱爲「太平鼓」，實亦「鼓板」。據《能改齋漫錄》卷十三，則在政和三年六月，下令禁止打斷、哨笛、砑鼓等「淫哇之聲」。民間所流行的鼓板、砑鼓均爲政府所不喜而禁止之。或許在心態上，政府即認爲民間的流行音樂，只是下里巴人不入流者，才因此而有這樣的反應吧！不過，反過來看，政府須以下詔禁止的方式來查禁一首樂曲，也足見其流傳之廣泛，影響之深遠了。

至於在民間的流行歌曲方面，有關資料不多。據《老學庵筆記》卷七云有「曹門高」一曲，乃爲仁宗天聖、明道間的流行歌曲。同卷又云在神宗元豐間，「京師方盛歌『側金盞』」。《宣政雜錄》則云在宣和初，京師流行「臻蓬蓬歌」。此歌實是歌而兼舞，加以鼓聲伴奏。所謂「臻蓬蓬」，即象鼓聲也。又據《獨醒雜志》卷五云於宣和間京師：

> 街巷鄙人多歌蕃曲，名曰「異國朝」。「四國朝」、「六國朝」、「蠻牌序」、「蓬蓬花」等，其言至俚。

可知到了北宋末年，在社會上各方面均受北方金人、遼人的影響，而沾染胡風，流行歌曲尤然，而爲一般士大夫所深深不滿；或認爲此係北狄之音（如《宣政雜錄》之作者），或以爲「凡今世歌曲，比古鄭衛又爲淫靡」（見《演繁露》卷九）。《東京夢華錄》中又有「小唱、嘌唱」，也是民間所流行者。二者之差別，在嘌唱是「即舊聲而加泛灩者」（見《演繁露》卷九），其聲較引長曲折。此二者大概都是以詞中之小令爲之，所謂有井水處即有歌之的柳永詞，殆即此類小唱、嘌唱之盛行者。其雖盛行於民間，但亦爲士大夫所看不起。據《東京夢華錄》的記載，小唱的名歌者有李師師、徐婆惜、封宜奴、孫三四等，嘌唱則有張七七、王京奴、左小四、安娘、毛團等，均是京師著名的歌妓。北宋時文人每作新詞贈歌妓，歌妓也以唱有名文人之詞爲榮。

在宋代，正統的歌曲是自唐代傳下來的「大曲」。然而一套完整的大曲若要從頭至尾全部聽完，要花不少時間。也因此，而有「摘遍」的產生，即是

採取大曲中精華部份而其本身又能自成段落者，摘出歌之。大曲可說是雅樂，只有在宮廷的筵會、正式的場合中才見得到，這與一般庶民百姓所喜愛的小詞、令曲，是有一大段距離的。

此外，據《東京夢華錄》的記載，尚有「叫果子」這項技能。顧名思義，此係由穿街走巷的流動攤販之叫賣聲而來，「叫果子」只是舉其一以概全而已。在《都城紀勝》中，此稱爲「叫聲」，並述其起源及吟哦之法，云：

> 叫聲自京師起撰，因市井諸色歌吟賣物之聲，採合宮調而成也。若
> 加以嘌唱爲引子，次用四句就入者，謂之「下影帶」。無「影帶」者，
> 名「散叫」。若不上鼓面，祗敲盞者，謂之「打拍」。

乃是用固定曲調，由唱者自行塡詞叫賣而起，亦歌唱之變體也。

在舞蹈方面，《東京夢華錄》有「舞旋」之名，殆即唐時之「胡旋舞」。《能改齋漫錄》卷十三云政和三年六月時，禁「十般舞」，云係「淫哇之聲」。宋代的歌、舞常是不分的，如前述的大曲即是歌而兼舞（有歌者及舞者）。「十般舞」殆亦如是。再如寇準所喜愛的「柘枝舞」，即「大曲」中之一遍。而宋代「雜劇」（非元雜劇）中首段豔段（宋「雜劇」有二段）之前即是群舞（如小兒隊、女童隊舞之），然後才是正雜劇的打諢話、俳語之戲。

二、說唱藝術

所謂「說唱」，乃是以敘述、演唱或兼用二者的方式，表達出故事情節的一種民間藝術。說唱的底本常是韻散合一、文白交替的。其唱的部份是韻文，有一定的曲調，多是細節的描寫；說的部份是散文、白話，是交代故事的進行。此種特殊的形式乃由唐代的俗講、經講演變而來，進而成爲中國戲劇的直接源頭。當然，亦有僅用說（如說話）或僅用唱（如大曲、鼓子詞、唱賺等）者，分別敘述如下：

「鼓子詞」，本是用同一詞牌反覆歌唱者，如歐陽修即有「十二月鼓子詞」，均用「漁家傲」爲調。後來「鼓子詞」也加上了散文的敘述，如《侯鯖錄》卷五趙德麟的「元微之崔鶯鶯商調蝶戀花」詞，即用「商調蝶戀花」爲調，夾雜散文以交代鶯鶯傳的故事情節。由於唱時多以鼓來打拍伴奏，故稱「鼓子詞」。

「唱賺」，據《都城紀勝》云，汴京的唱賺，有「纏令」、「纏達」二種形式。其云：

有引子、尾聲爲「纏令」；引子後只以兩腔互迎，循環間用者爲「纏
達」。

「唱賺」用鼓、板、笛爲伴奏樂器，並兼用慢曲、曲破、大曲、嘌唱、耍令、
番曲、叫聲的各種腔譜曲調，是以難度最高（據《夢粱錄》卷二十）。所謂「曲
破」即「大曲」之片段。事實上，「大曲」也已朝「故事性」的方向發展了，
如「馮燕大曲」、「薄媚大曲」均有故事情節。不過這種「大曲」仍是以歌舞
的表演爲主，全無「說」的部份，故事的演變亦屬次要了。「唱賺」在南宋時
且發展爲「覆賺」，規模更龐大，內容則是「花前月下之情及鐵騎之類」（見
《都城紀勝》），或係受「說話」影響之故。

據《西湖老人繁勝錄》云：「唱涯詞只引子弟，聽陶眞盡是村人」，「涯詞」
較爲雅奧，《都城紀勝》作「崖詞」，並云其底本近於傀儡戲的唱本。至於「陶
眞」則較爲通俗，《西湖遊覽志餘》卷二十云是「汴京遺俗」，乃是用琵琶伴
奏，唱古今小說與評話。據《西湖老人繁勝錄》及《都城紀勝》的記載，則
南宋時肯定有此，則或於北宋時汴京即有之。

「諸宮調」，據《碧雞漫志》卷二云，是在神宗熙寧至哲宗元祐間，爲澤
州藝人孔三傳所創。其年代雖然起源甚早，但卻極接近於元雜劇。所不同者，
雜劇一折用一宮調，「諸宮調」則雜用各宮調曲子；雜劇爲代言體的戲劇表演，
「諸宮調」則猶爲敘述式的說唱。

以上敘述者，均與音樂有關，乃用歌唱，或加以陳說之方式敘述故事。
此外尚有「說話」，則純粹以白話敘述故事，比起前述的說唱藝術來，「說話
人」更需要具備有說故事的本領，才能夠吸引聽眾。據《都城紀勝》云：

> 說話有四家：一者「小說」，謂之「銀字兒」，如煙粉、靈怪、傳奇、
> 說公案，皆是朴刀趕棒及發跡變泰之事。「說鐵騎兒」，謂士馬金鼓
> 之事。「說經」，謂演說佛書；「說參請」，謂賓主參禪悟道等事。講
> 史書，講說前代書史文傳興廢爭戰之事。

其中自以「小說」，「講史事」最受人們歡迎，據《東京夢華錄》記錄了當時
「小說」的名家，如李愭、楊中立、張十一、徐明、趙世亨、賈九。講史的
名家如孫寬、孫十五、曾無黨、高恕、李孝詳等。另外，又有「霍四究說三
分，尹常賣五代史」，則亦爲講史，或因三國與五代史事特別精采，故《東京
夢華錄》在此乃於「講史」之外別立之。到了南宋以後，「小說」成爲「說話」
的正宗，羅燁的《醉翁談錄》甲集卷一「舌耕敘引」的「小說開闢」中，並

將小說細分爲「靈怪、煙粉、傳奇、公案、朴刀、捍棒、神仙、妖術」八類。此時「小說」因其內容與人民生活息息相關，情節又引人入勝，故大受人們喜愛，聲勢大盛，非其餘各家之比，惟「講史」勉可抗衡。如《宣和遺事》一書，即是宋代說話人的底本，又如傳爲宋人所作的《京本通俗小說》、《新編五代史平話》，非小說即講史，亦可知宋代「說話」，實以此二家爲盛了。

三、戲　劇

　　宋代即有「雜劇」之名，然宋代的「雜劇」是一場兩段〔註4〕，據《都城紀勝》云：「先做尋常熟事一段，名曰豔段，次做正雜劇」。在「豔段」前由舞隊入場作歌舞表演，之前尚有參軍色（即主持人）介紹入場，而由舞隊進「口號」、「致語」。據《雲麓漫鈔》卷五云，參軍色「必裝官人」，然到了南宋則「多裝狀元、進士」。他是雜劇進行的樞紐人物。至於在豔段與正雜劇方面，是由四、五個角色來扮演的，其中「末泥色主張，引戲色分付，副淨色發喬，副末色打諢，又或添一人裝孤」（見《都城紀勝》）。在這兩段表演中，以打諢話、俳語之戲爲主。其中以末泥的角色最爲吃重，負責整段表演之進行。正雜劇是整個雜劇的重心所在，在北宋時，就已有直接將這一段表演獨立出來，而省略頭尾的隊舞及較不重要的豔段，只演其中逗趣情節的了。像這種雜劇散段的表演稱作「雜扮」、「雜班」（《東京夢華錄》作「雜㫰」）、「紐元子」、「技和」，而「多是借裝爲山東河北村人以資笑」（見《都城紀勝》）。據《孔氏談苑》卷五引黃庭堅云：

> 作詩正如作雜劇，初時佈置，臨了須打諢，方是出場。（亦見《捫蝨新話》下集卷一）

可知優伶的「說諢話」確是整個「雜劇」所歸，足見其重要性。宋代優伶承襲了唐代的傳統，能在插科打諢，博君一粲的滑稽舉動、言辭中，賦予現實的意義。像神宗時候的伶人丁先現（又作丁仙現、丁線見）就常以政治現實、社會現況或施政得失爲題材，以幽默的手法表達出其規諫之意，同時也表達了人民的心聲。這個優良的傳統一直爲伶人們所奉行，這從近人王國維所輯之《優語錄》中可得到印証。難得的是被諷刺的官員甚至帝王，卻也往往不

〔註4〕 「雜劇」在北宋初本可泛稱各項技藝，包括俳戲歌舞、說唱、雜技百戲等。但到後來俳戲漸盛行，成爲其中主要的表演項目，「雜劇」始成爲戲劇表演的專稱。

予計較，甚少有以嚴厲手段加諸伶人者。

　　另外，據《東京夢華錄》卷八，云中元時「构肆樂人自過七夕，便般目蓮救母雜劇，至十五日止，觀者增倍」，則此所稱之「雜劇」迥非前述以打諢話爲主之「雜劇」。其述故事情節爲無疑，但不知是否即爲戲劇演出的形式，然至少已是故事的表達了。

　　也正由於「雜劇」在宋代大受歡迎，因此《東京夢華錄》卷五「京瓦伎藝」中也記有「雜�◻（扮）」及「說諢話」。「雜扮」即雜劇散段，「說諢話」更只是演出雜劇的一項技巧，卻都成了瓦舍中受人歡迎的表演，可稱雅俗共賞了。

　　在北宋時並沒有眞正的戲劇產生，至多只是模仿，而非扮演。就算有劇情，也是極簡單的。倒是在「影戲」與「傀儡戲」方面，則頗有發展。先看「影戲」，據《都城紀勝》云：

> 凡影戲乃京師人初以素紙雕鏃，後用彩色裝皮爲之。……公忠者雕
> 以正貌，姦邪者與之醜貌，蓋亦寓褒貶於市俗之眼戲也。

說明了「影戲」人物的製作與形相。至於在「影戲」的底本方面，《都城紀勝》云：「其話本與講史書者頗同，大抵正假相半」。《續明道雜志》中也記載了汴京有富家子，「好看弄影戲，每弄至斬關羽，輒爲之泣下，囑弄者且緩之」。可知「影戲」之內容大抵是歷史故事，如三國、五代史之類，弄這一類的戲劇題材有個好處，就是可以省去介紹人物與解釋劇情的麻煩。在「影戲」的演出方面，除了在潘樓街的瓦舍搭棚演出外，據《東京夢華錄》卷六的記載，在元宵時，「每一坊巷口無樂棚去處，多設小影戲棚子，以防本坊遊人、小兒相失，以引聚之」，可見北宋時汴京中「影戲」的普遍。而卷五「京瓦伎藝」所列有「影戲」、「喬影戲」二者，不知其差別何在？或如「合笙」與「喬合生」的差別一樣，「喬影戲」當係專爲「滑稽含玩諷」者。

　　其次，在傀儡戲方面，《雞肋編》卷下云其原本爲「喪家樂」，又作「窟礧子」、「魁礧子」，是「作偶人以嬉戲歌舞」。《能改齋漫錄》卷八「傀儡」引黃庭堅詩云：

> 世間盡被鬼神誤，看取人間傀儡棚。煩惱自無安腳處，從他鼓笛弄
> 浮生。

可知傀儡戲亦設棚以招人觀賞，並用鼓、笛爲伴奏。又據《都城紀勝》云傀儡戲所演出的故事爲「煙粉靈怪故事，鐵騎公案之類。其話本或如雜劇，或

如崖詞，大抵多虛少實，如巨靈神，朱姬大仙之類」，《東京夢華錄》卷五「京瓦伎藝」亦云杖頭傀儡般雜劇，「每日五更頭回小雜劇，差晚看不及矣」，則其演出內容和「影戲」相比，有相當大的差別，幾全是以虛構之故事情節爲主。據《東京夢華錄》卷五「京瓦伎藝」之記載，有「枝（爲「杖」之誤）頭傀儡」、「懸絲傀儡」、「藥發（法）傀儡」等數種不同名目。其中「懸絲傀儡」殆與今日者同，至於另外二者，則難知其型製。在《東京夢華錄》卷七「駕幸臨水殿觀爭標錫宴」中又有「水傀儡」，則是木偶在水上船中所表演者。《都城紀勝》尚記有「肉傀儡」，云「以小兒後生輩爲之」，乃是以眞人演出，但不知北宋時是否即有此「肉傀儡」了。

四、雜伎百戲

除了前述歌舞說唱的表演之外，如雜藝特技之類的表演也是瓦舍中重要的部份。早在漢代，就已有這一類的演出了，這在張衡的「西京賦」中即有記載。此後，百戲雜伎就一直深受歡迎，至宋代亦是如此；從皇宮大內到市肆瓦舍，雜伎人以其各種各樣、千變萬化的演出吸引了每一個人。北宋時的百戲雜伎，有專門在皇帝前表演的御用藝人，以及專於瓦棚中設場而在節慶會聚之際亦設棚表演者。其水準一般而言以御前左右軍藝人爲較高。本文在此乃混合二者，而就各項表演之內容，分別引述之。

《東京夢華錄》卷五「京瓦伎藝」中載有「掉刀、筋骨、上索、雜手伎」、「毬杖踢弄」、「小兒相撲、雜劇、掉刀、蠻牌」、「弄蟲蟻」等技藝。卷六「元宵」云自冬至以後至元宵，於御街兩廊下有「奇術異能、歌舞百戲」，包括「擊丸、蹴踘、踏索、上竿」、「趙野人倒喫冷淘、張九哥吞鐵劍」、「小健兒吐五色水、旋燒泥丸子」、「孫四燒煉藥方、王十二作劇術」、「築毬」、「蟲蟻」、「猴呈百戲、魚跳刀門、使喚蜂蝶、追呼螻蟻」等技藝。卷七云暮春「駕登寶津樓諸軍呈百戲」，包括「撲旗子」、「上竿、打筋斗」、「花妝輕健軍士百餘」持刀槍劍牌對打、有以「假面異服」裝神鬼。卷九則云在徽宗生日（十月十日，即天寧節）之際，在十月十二日「宰執親王宗室百官」上壽時，有「左右軍百戲入場」，包括「上竿、跳索、倒立、折腰、弄盌注、筋斗、擎戴之類」。《都城紀勝》也記載了南宋時的「雜手藝」（即「雜手伎」，亦即「百戲」表演之統稱），頗可以做爲瞭解北宋雜伎之參考，其包括：

踢瓶、弄椀、踢磬、弄花鼓槌、踢墨筆、弄毬子、拶築毬、弄斗、

打硬、教蟲蟻及魚弄熊、燒煙火、放爆仗、火戲兒、水戲兒、聖花、撮藥藏壓、藥法傀儡、壁上睡、小則劇術、射穿弩子、打彈、攢壺瓶（即古之投壺）、手影戲、弄頭錢、變線兒、寫沙書、改字。

可謂洋洋大觀，這近三十種的技藝表演與北宋時所差當不致太遠。

綜合上述，可分爲武術體能、特技、雜耍裝扮、魔術幻術、馴獸等五類。敘述如下：

（一）武術體能：如「掉刀」、「蠻牌」等當是兵器之舞弄表演，同時又有互持兵器的對打。「筋骨」或是拳腳功夫表演、「打筋斗」、「倒立」、「折腰」則是以各種動作表現體能。「撲旗子」據《東京夢華錄》卷七云是「手執兩白旗子，跳躍旋風而舞」，或如今日之「耍大旗」。「相撲」當是二人徒手對打。「擎戴」或即疊羅漢之表演。

（二）特技：「上索」與「踏索」當爲一事〔註5〕，如今日之「走鋼索」。「上竿」又名「緣竿」，是一種危險的技藝，且表演者多爲女子。乃攀爬兩、三丈高的竹竿，並在其上演出特技動作。據《避暑錄話》卷下云，在仁宗時有表演此者於御前墜地死，故仁宗詔減三分之一的高度，只餘二丈餘。縱然如此，也未見得安全多少。「倒喫冷淘」即倒立食麵，其與「吞鐵劍」皆是瓦肆中的特技表演。以上四者，於今日仍有類似之表演。

（三）雜耍裝扮：如「毬杖踢弄」、「弄盌注」皆是，以腳曰「踢」，以手曰「弄」，所踢弄者從最普通的球到各種五花八門的物品都有（如《都城紀勝》所記者即可爲印証）。《東京夢華錄》卷六云僧道的「打花鈸、弄椎鼓」當亦屬此。李有《古杭雜記》也記宋元之際於杭州有僧弄花鼓棒，乃「三、四鼓棒在手，輪轉拋弄」，如今日之雜耍。於《友會談叢》卷中，作者上官融云其應舉時在御街見人弄盞，「其盞百隻置于左右手，更互擲之，常一半在空，遞相拽擊，聲皆中節」，雖未免誇大，亦可見技巧之高了。在「裝扮」方面，是裝爲鬼神狀「各作詼諧」，殆如今日之扮小丑，意在引逗人笑。又據《友會談叢》卷上云「京師貨藥者多假弄獅子、猢孫爲戲，聚集市人」，宋初米信的長子即曾假扮猢孫。大概眞的弄不了，只好由人扮了弄假的。另外，據《避暑錄話》卷下云唐時「學士禮上，例弄獼猴戲」，則是由教坊中人扮演，然於宋代不用此，而易以雜手伎之表演。假扮野獸，其意大抵與裝鬼神一樣，在以滑稽的動作引人笑，如小丑然。

〔註5〕《東京夢華錄》卷九又有「跳索」，則爲跳繩矣。然亦有可能是「踏索」之誤。

　　（四）魔術幻術：如《東京夢華錄》所記載的「吐五色水」、「燒泥丸子」、「燒煉藥方」，大概都是用化學方法所做的魔術，「作劇術」亦當是變魔術。此外，據《鐵圍山叢談》卷四云在神宗元豐時，

　　　　有藝人善藏舟，用數十人舉而置之當場，萬眾不見也。

顯然是一種魔幻術。另外，《友會談叢》卷中記載於太宗至道初之上元夜，於棘圍中有「藏火之戲」者，乃以「綈袍向火盎而掩之，拉綈袍在兩手團之如無物，移時擲於地，即舉而披之」，這大概是穿了石棉衣，即當時所謂「火浣布」，也算是魔術了。

　　（五）馴獸：當時有「弄蟲蟻」之戲，擅於此者為劉百禽。另外，《東京夢華錄》卷六「元宵」所述：「猴呈百戲，魚跳刀門，使喚蜂蝶，追呼螻蟻」，當亦是相同的把戲。周密於《癸辛雜識後集》中言於杭州亦有「水嬉」，然其所指揮者為「龜鼈鰍魚」等海物，則比之陸上的禽獸昆蟲，更要難些了。據《可書》的記載，宋徽宗宣和之際，於陝西地方有弄猢孫者且以猢孫為竊盜，則未免訓練到家了。又《歸田錄》卷二記載了有輕薄子擬作「有教無類賦」四句，云：「相國寺前，熊翻筋斗；望春門外，驢舞柘枝」，雖為戲作，恐是實情。據《萍洲可談》卷二云哲宗元祐間，有攜海豹至京師，「其人以檻寘魚，得金錢則呼魚，應聲而出」，還有富貴人家召其往表演，當時稱海豹為海哥，對處於內陸的汴京來說，該是稀有動物了〔註6〕。

　　除了以上所述的這些雜伎之外，於《東京夢華錄》卷五「京瓦伎藝」中尚有「商謎」、「合生」的名目。所謂「商謎」即是猜謎語，據《都城紀勝》云：「商謎舊用鼓板吹賀聖朝，聚人猜詩謎、字謎、戾謎、社謎」，四者為「商謎」之種類，然戾謎、社謎為何，已難考知。「合生」據《都城紀勝》云：「與起令隨令相似，各占一事」，這在《夷堅志》乙卷第六「合生詩詞」條，有較清楚的說明，云：

　　　　能於席上指物題詠，應命輒成者，謂之合生；其滑稽含玩諷者，謂
　　　　之喬合生。

則合生是即席依令作詩，如詩令然。這和「商謎」均需要文才與機智，就恐怕不是一般伎藝人所能的了。

　　據周密《志雅堂雜抄》卷上云：

<hr>

〔註 6〕　《玉照新志》卷五也有幾乎完全相同的記載，然其所述時代卻在仁宗嘉祐末，
　　　　　二者必有一為誤。

向舊都天街有翦諸色花樣者，極精妙，隨所欲而成。又中原有俞敬
之者，每翦諸家書字皆專門。其後忽有少年，能於衣袖中翦字及花
朵之類，更精，其人於是獨擅一時之譽。

能剪紙成名家字蹟或花朵，不但隨心所欲，而且可以不視而成，這比起立春、
人日所剪的春勝、人勝，雖是相同性質，然技巧不知高出多少，所以才能擅
名一時。

蘇易簡《文房四譜》卷一云，在汴京有：

運大筆如椽者寫小字，小如半麻粒許，瞬息而就。或于稻粒之上寫
七言詩一絕，分間佈白，歷歷可愛。

能用大筆寫小字或于米粒上寫七言詩，非需超絕的眼力及手腕的穩定性不
可，也可稱作是絕技了。

第二節　遊　戲

以上敘述的都是一些技藝、表演，人們是在從旁觀賞中得到樂趣。至於
以下將要敘述的「遊戲」，則是在參與其中的過程中，獲致樂趣。它在娛樂這
一方面所供給汴京人民的，是不下於技藝表演所提供的。

一、球類運動

首先看一看球類的運動。唐宋時「蹴毬」極為興盛，宋代的幾個皇帝也
非常喜愛「蹴毬」，所謂「蹴毬」，又作「蹴鞠」，類似今日的足球，但只有一
個門。宋太祖即為「蹴毬」能手，宋畫「鞠場叢戲」圖中，即繪太祖蹴毬之
情景。另外，高俅也是因為會「蹴毬」而獲徽宗賞識的。所謂「上之所好，
下必有甚焉」，也因此「蹴毬」在北宋就如同唐明皇時的「鬥雞」一般，是熱
門的娛樂。《東京夢華錄》卷六云春時「舉目則鞦韆巧笑，觸處則蹴踘疏狂」，
當是斯時景況之寫照。

「築毬」，又稱作「擊毬」，類似今日之馬球，乃騎馬上以杖擊球，分兩
隊，有球門、守門，擊球入門者為勝。據《東京夢華錄》卷七的記載，寶津
樓南宴殿之南有橫街，「牙道柳徑，乃都人擊毬之所」。另外在徽宗生日時，
亦必有「左右軍築毬」表演。則其於北宋，當是盛行的遊戲。不過，大概僅
限於富貴人家子弟，一般平民大概是玩不起的。

《東京夢華錄》卷六「元宵」云在御廊百戲中，有「擊丸」，不知是否即「捶丸」，據元人所著《丸經》云，這是宋徽宗所喜歡的一種運動。「捶丸」大抵類似於今日的高爾夫，只是佔地要小得多，同樣是以杖將毬（丸）擊入「窩」中，擊丸者須視地形而決定打法及用力之大小。它和高爾夫不同處是高爾夫是由一人打到底，「捶丸」則是分隊，由每一隊的成員輪流打。《丸經》跋稱此運動能「妝放心，怡神情，動盪血脈，暢其四肢」，大概也因此而受人們喜愛了。宋人畫「蕉蔭擊球圖」當即是「捶丸（擊丸）」之具體形相。

二、局　戲

凡遊戲非勞力即勞心，且幾乎必有勝負。球類競賽可謂爲勞力，至於象棋、圍棋等則須勞人心智了。宋代即有象棋、圍棋了，此外，尚有「投壺」、「彈碁」、「樗蒲」等博戲，皆係前代傳下者。「投壺」乃是投箭矢於雙耳壺中，因箭矢所投中的部位而有不同的稱呼及含義，並以此來定勝負。「彈碁」據《夢溪筆談》卷十八云，已是「今人罕爲之」了，則在宋代已失傳。《塵史》卷下則記有「樗蒲」之玩法，全同於「雙陸」，據李清照「打馬賦」云：「打馬爰興，摴蒲（即樗蒲）遂廢」。則在北宋時「打馬」（即「雙陸」）已取代了「樗蒲」。實際「樗蒲」是骰子的代稱，而本非遊戲之名，只因此遊戲需擲骰以定行、止，故稱此戲爲「樗蒲」。後來「樗蒲」爲「打馬」所取代，而「打馬」亦需擲骰來決定前進與否，故而後來「打馬」之戲亦多有謂爲「樗蒲」者。

此外，據《歸田錄》卷二及「澠水燕談錄」卷九，云自唐太宗傳下「葉子格」之戲，然於宋代幾乎已失傳。據《鐵圍山叢談》卷四，云「近世兒女戲有『消夜圖』者，多爲博路以競勝負」，《農田餘話》卷下亦云當時（元代）有「葉子戲消夜圖」，爲宋太祖創，「令宮人習之以消夜」。此「消夜圖」或近於「葉子格」，大抵如今日之「升官圖」，乃以擲骰子決定前進之步數。據《農田餘話》卷下的記載，古時的骰子頗不同於今日。今日骰子爲正六面體，古時雖亦六面，然爲橄欖形，其身拉長，呈椎狀，兩頭尖中央肥的六面體。擲骰子比點數是僅次於擲銅板〔註 7〕的簡單遊戲。另外，《農田餘話》卷下云當時有「倒擲戲」的擲骰之戲。此種骰子的擲法是讓其旋轉，轉定後倒下一面之數，押中者爲勝。

〔註 7〕據《西畬瑣錄》云：「今人擲錢爲博者，係以錢文面背分勝負；曰『字』曰『幕』。」　　　即正面、反面。可知北宋時有擲銅板的玩法。

三、關　撲

另外，「關撲」也是北宋汴京街坊中常見的遊戲，所謂「關撲」，又簡稱「撲」，或作「撃撲」，即是賭博的一種，在汴京賣食品、衣物、用具的小販，每爲「關撲」，贏的人可以較少的金錢取得小販所賣的物品，輸的話便什麼都沒有了。「關撲」之法通常是以擲骰爲主，然亦有用其他方法的，大抵只要能定輸贏即可。由於「關撲」實際上是一種賭博的行爲，故而在北宋原有法令限定之，《雲麓漫鈔》卷五云：

> 撃撲食物，法有禁。惟元正、冬至、寒食三節，開封府出榜放三日。

然而到了後來，「關撲」幾至無時無之、無處無之，所撲之物也越來越大，甚至有以房子、「樂藝女人」爲采物的，遊戲而至此，無乃太過。

四、其　它

以上敘述多爲男子之遊戲，至於女子與兒童，除了前述的「消夜圖」外，「打鞦韆」亦爲婦女所喜愛的遊戲。另外如放紙鳶，既是遊戲，又可收踏青之效，當亦爲斯時婦女兒童所喜好。又有「變線兒」，據陳長方《步里客談》卷下云：

> 京師以竹盛五色線，拽之爲戲，謂之變線。

「變線」不知其玩法如何，蓋亦當時遊戲之一種。

據《東京夢華錄》卷八「七夕」，云於七夕時，在汴京市中四處皆賣「磨喝樂」，乃是「小塑土偶」，然裝飾得極爲漂亮，或者「飾以金珠牙翠」，因此「有一對直數十千者」。而在立春時，市井亦賣土塑小春牛。清明時有「黃胖」爲「門外土儀」。大禮年時市井有「賣撲土木粉捏小象兒」。如此類泥塑玩偶，在平常的日子也必是兒童們的玩物，而非只是節慶之際應時節物而已。據《老學庵筆記》卷五的記載，北宋時以鄜州田氏所作的泥孩兒「態度無窮」，最爲有名，連京師的匠人都比不上。像這樣的玩偶「小者二、三寸，大者尺餘，無絕大者」，大抵適於把玩，而其價格也不便宜，一床五或七個竟要三十貫錢，殆非一般人所能買得起。又據《能改齋漫錄》的記載，江左的泥塑玩偶，甚且「有機關以動手足」，稱爲「快活三郎」，則較之不會動的泥偶更進一步了。
〔註8〕

〔註 8〕《能改齋漫錄》中今無此段，乃是逸文，爲永樂大典卷七千三百二十八所引。

　　以上所述，殆皆汴京人們一般性的娛樂。像瓦舍中的說唱、技藝表演，不僅達官貴人喜愛，更為一般升斗小民的生活帶來了些許調劑。庶民百姓平日生活辛勞，大概也只有到瓦舍中閒逛時，才能暫時輕鬆一下吧。而在士大夫知識分子方面，他們處理休閒時間的方式和一般百姓就不盡相同了。宋代重文輕武，文風極盛，而士大夫們休閒之時，每每互相飲宴聚會，而形成一種特殊的風氣，有許多的筆記，就是在這種情況下產生的，如《石林燕語》、《澠水燕談錄》、《閒燕常談》、《珍席放談》等等皆是。由此亦可見，當時相互飲宴，在士大夫的休閒生活中，佔了極重要的地位。同時，士大夫的飲宴也不只於吃喝而已，常有互道典故、討論學術的意義在，也因此留下了如此豐富的筆記、小說。另外，如琴、棋、書、畫、詩、酒、花，也無一不成為文人雅士的娛樂，乃至附庸風雅者亦以此自高身價。此外，銅器、金石之學也是到了宋代才受到重視，如歐陽修以及趙明誠、李清照夫婦即其愛好者，像這些都需要有相當文化素養為基礎的愛好，在宋代竟能如此盛行。而從此類士庶娛樂的多采多姿，亦可以想見北宋汴京文化水準之高了。

第六章　汴京人民的歲時生活

　　歲時節時令在中國人民的生活中，一直占有非常重要的地位。一方面，
中國人素來重視傳統，而在一年中各個節慶，節慶中的各種習俗，則正是這
一傳統的呈現。在「尚古」的中國社會中，人們遵循祖先傳下來的習俗、禁
忌，重複著祖先的生活習慣，思緒也似飛到了那遙遠的年代，而在內心產生
莫大的滿足。另一方面，中國人久處威權統治之下，也似乎只有在節日中，
人民才能夠好好的「放縱」一下，做些平日不敢或是不能做的事，以求得精
神乃至肉體上的抒發、休息。尤其是在一年辛勤的勞動之後，節慶成為勞動
者的安慰，他們瘋狂（或至少是盡興）地慶祝，虔誠地膜拜。因為，節慶一
過，生活的重擔又將落在他們肩上，直到下一個節日的到來。惟有在節日中，
他們才能將這一切忘懷，獲得短暫的快樂。就因為這樣，所以上自王公貴族，
下至升斗小民，大家興致勃勃地準備、迎接、歡送著每一個節日。年復一年，
愈演愈盛，直到盛極而衰，才又再從頭開始。金人入侵前的汴京，就處在這
繁盛的頂點。在汴京的人民，也似更重視這些節慶：繁瑣的禮俗、熱鬧的景
致，構成了他們在這些節慶中豐富的生活內容，也構成了南渡遺老們如夢如
幻的回憶。孟元老的《東京夢華錄》、金盈之的《醉翁談錄》〔註1〕，就保存
了許多當時人們歲時生活的概況；這兩部書和宋末陳元靚的《歲時廣記》，即
為本章資料的主要來源。現在，就依次介紹元旦、上元、寒食、端午、七夕、
中秋、重陽、冬至直到除夕的主要節日中，汴都市民的歲時生活、習俗，以
再現千年前的北宋汴京。至於其它較不重要又與一般人民較不相關的節日，

〔註 1〕 金盈之《醉翁談錄》卷三、四所記歲時節令與《歲時廣記》所引《歲時雜記》
　　　　多有重疊，或相抄錄所致。

如帝王生日、即位之日等，則放在本章最後敘述之。

第一節　年　節

　　這裡所敘述的「年節」，事實上並不止於除夕、年初一的前後數日，而是從臘月就開始，一直到人日、立春，持續到上元，約一個半月的時間。在這中間，除夕、初一自然是一個高潮，而上元則為整個新年畫上了一個美麗、熱鬧的句點。

　　陰曆十二月，又稱臘月；到了臘月，就離過年不遠了〔註2〕，據《東京夢華錄》的記載，十二月裡，汴京市中開始賣「撒佛花、韭黃、生菜、蘭芽、勃荷、胡桃、澤州餳」，以為年節之備。朝廷也在寶籙宮先行燃燈，「預賞元夕」，四處洋溢著過年的氣氛。「臘日」是本月中的大事〔註3〕，據陳元靚《歲時廣記》卷三十九引《國朝事始》的記載，知自太祖初年始，「蜡百神、祀社稷、享宗廟，同用戌臘日」，十月份釀的冬酒，在臘日的祭祀中初次派上了用場。唐代時，皇帝賜宴臣下，又賜口脂、澡豆等物，而宋代則在神宗熙寧以後，始於此日賜臣下口脂、甲煎〔註4〕。醫官在臘月中獻藥，政府在臘日也以牛黃、丹砂、龍腦、金銀箔等藥材分送諸官。寺院亦在此日致送信徒們面油，並向信徒們募化上元時的香油錢；一般平民，除了採買年貨之外，並在自家中製作「薰豕肉」，據《歲時廣記》卷三十九「薰豕肉」引《歲時雜記》云：「臘日以豕肉先糟熟掛灶側，至寒食取食之」，此即今日之臘肉。一般士大夫

〔註2〕《禮記》「月令」云：「天子乃祈來年于天宗，大割祠于公社及門閭，臘先祖五祀。」又，「郊特牲」云：「蜡也者，索也，歲十二月，合聚萬物而索饗之也。蜡之祭也，主先嗇而祭司嗇也，祭百神以報嗇也。」可知在周朝，臘原是祀祖之祭，另有蜡祭，則是祀百神，本為二者。到了秦代，將蜡更名為臘，遂合為一。許慎《說文》云：「冬至後三戌，臘祭百神。」因為都是在每年最後一個月行臘祭，所以陰曆十二月即稱臘月。

〔註3〕宋代用漢臘，故亦以冬至後第三戌日為「臘日」；若逢閏年，則以第四戌日為「臘日」，以避免「臘日」落在十一月中。《西溪叢語》卷下云：「國朝用漢臘，蓋冬至後第三戌火墓日也，是為臘。己酉年閏八月冬至後第三戌，乃在十一月末，太史局著曆，遂以十一月第三戌為臘。識者云：『古法遇如此閏歲，即以第四戌為臘，臘不可在十一月也。』癸亥年合閏三月，遂閏四月，南渡後圖書散失所致。」可以為證，且知至南宋，不論是否閏年，則皆以冬至後第三戌日為臘日矣。

〔註4〕「口脂」即唇膏，是一種預防天冷口唇皮膚乾裂之物。「甲煎」則原為香料之名，將其和臘即可製「口脂」。

　　還有一種習俗，是在臘日時到僧寺中沐浴，並飲宴賦詩（見《歲時廣記》卷三十九「就寺浴」引《歲時雜記》）。這大概含有除舊布新的意思在內。

　　「臘八」，這是佛教徒們的大日子，因爲北方人多有以十二月八日爲佛生日（南方人則以四月八日）者。這時大街小巷中，僧尼們三三五五，安置佛像於器皿中，浸以香水、楊枝，沿門教化，謂之「浴佛」；各大寺院作「浴佛會」，並致送「臘八粥」給信徒們。市民們在這一天亦以各種乾眞果子做材料，煮成粥來吃。這也是今日「臘八粥」的由來。

　　十二月二十四日爲「交年」，是小年夜，又叫「小節夜」。這似乎是汴京地方特有的〔註5〕，據《歲時廣記》卷三十九「誦經咒」引《歲時雜記》云：

　　　　舊俗以爲七祀及百神，每歲十二月二十四日新舊更易。

到了晚間，市民們請和尙道士唸經、燒紙錢，並備妥香茶酒果以送神。因爲此日是天上的神明辦理交接，人們自然希望神明能上天言好事，以保來年之平安，於是「帖灶馬於灶上，以酒糟塗抹灶門，謂之『醉司命』」（《東京夢華錄》卷十）。這和後世人們祭灶以麥芽糖黏於灶王爺像的嘴上，實有異曲同工之妙。這絕不是一句「迷信」就能解釋的，而還包含了人民對於安定生活的渴求以及對未來的一種期盼。「交年」的夜裡，且在家中各處，甚至床下、廚房、廁所等平時最黑暗、污濁的地方點燈，叫做「照虛耗」。然而據《歲時雜記》及《異聞總錄》記載，則「照虛耗」之習俗亦有行於除夕者。不過，無論是在十二月二十四日或是年三十，意義都是相同的：人們在舊的一年結束，新的一年來臨前，把屋中四處乃至平時清理不到的死角，弄得乾乾淨淨，煥然一新；末了還點起燈，更凸顯出自己辛勤的成果。這不僅是一種心理上的除舊布新，同時也符合實際衛生上的需要的。

　　愈近年節，汴京市街也愈見熱鬧，《東京夢華錄》卷十云：

　　　　近歲節市井皆印賣門神、鍾馗、桃板、桃符，及財門鈍驢、回頭鹿馬、天行帖子。賣乾茄瓠、馬牙菜、膠牙餳之類，以備除夜之用。

門神有畫神荼、鬱壘，在唐以後，有作尉遲敬德及秦叔寶者。又據《楓窗小牘》卷下的記載，北宋末汴京人家的門神，「多番樣虎頭盔」，又有「以渾金

〔註5〕據《歲時廣記》卷三十九云，「交年節」之習俗記載，僅見於《東京夢華錄》及呂原明之《歲時雜記》。《夢華錄》所載，自是汴都事物；至於《歲時雜記》，今已佚，然據《歲時廣記》中所引者，則知其所記歲時習俗多以汴京爲主。故「交年節」或亦可視爲汴京之特殊風俗。後世亦以此日爲「小年夜」，其習俗祭祀一如除夕，猶如除夕之預習。

飾之」者。桃符即春聯，乃書吉祥話貼於楹柱上；依《楊文公談苑》，則桃符起於後蜀孟昶時改辛寅遜所書「新年納餘慶，嘉節號長春」一聯。而《風俗通義》及《論衡》中引有關於神荼、鬱壘的記載，當爲新年時置桃板、貼門神的起源。至於貼鍾馗像，據《歲時廣記》引《唐逸史》的記載，是起於唐玄宗時，多畫作鍾馗吃小鬼或役使鬼物之狀；又據《肯綮錄》，則還有在鍾馗像旁加畫一鍾馗小妹之像者。以上這些，大多用來驅鬼辟邪。另外，前述之「財門鈍驢、回頭鹿馬、天行帖子」，則大概屬於吉祥畫之類的版畫，如近代桃花塢、楊柳青、楊家埠年畫之屬。

汴京的年節，尚有許多代表了特殊習俗的食品，例如「餳」，如同今日之麥芽糖，以澤州餳最著名，《雞肋編》卷中云：

以餳膠牙俗，亦於歲旦嚼琥珀餳，以驗齒之堅脫。

《歲時廣記》卷四十「賣白餳」引《歲時雜記》云：

膠牙餳形製不一，其甚莘者，云：膠之使齒牢。

不論是「驗齒之堅脫」還是「膠之使齒牢」，這種餳總是愈黏牙愈好，故又稱「膠牙餳」。而汴京市民對此種食品想必十分喜愛，故而雖然每年前就於潘樓前開始賣這種食品了，可是每到除夕，聞名來買的人們，仍然使得此處街道「不通車馬」（見《歲時廣記》卷四十「賣白餳」引《歲時雜記》）。另外，《清異錄》卷四所記之閶闔門外張手美家，於臘日賣萱草麵，元旦賣元陽臠等應時食品，是汴都的名店。只是《清異錄》所載是北宋初事，不知是否後來仍在？

在十二月中，汴京尚有「打夜胡」的習俗，《東京夢華錄》卷十云：

自入此月，即有貧者三數人爲一火，裝婦人神鬼，敲鑼擊鼓，巡門乞錢，俗呼爲「打夜胡」。

《雲麓漫鈔》卷九以「世俗歲將除，鄉人相率爲儺，俚語謂之『打野胡』」，並引《論語》注正名爲「野雲戲」。《楊公筆錄》則云「俗因謂歲暮驅儺爲打夜狐」。不論是「打夜胡」、「打野胡」、「打夜狐」，實即爲「儺」，作於歲末。宮廷中也在除夕這一天「大儺」〔註6〕，只是規模大多了，「打夜胡」是三五

〔註6〕 《後漢書》「禮儀志」：「先臘一日，大儺，謂之『逐疫』。」又，《東京夢華錄》卷十：「至除日，禁中呈大儺儀，並用皇城親事官諸班直戴假面，繡畫色衣，執金鎗龍旗。教坊使孟景初身品魁偉，貫全副金鍍銅甲，裝將軍。用鎮殿將軍二人，亦介冑裝門神。教坊南河炭醜惡魁肥裝判官。又裝鍾馗小妹、土地、灶神之類，共千餘人。自禁中驅祟，出南薰門外轉龍彎，謂之埋祟而罷。」可說明「大儺」之儀。

人,「大儺」則千人;「打夜胡」扮成婦人、神鬼,「大儺」則更形象化為判官、鍾馗小妹、土地、灶神。且不管規模的大小,二者的意義實一,都在驅崇、逐鬼、送疫。至於汴京中生活於最下階層的乞丐,也不放棄這個屬於他們的賺錢的機會。乞討本非光采之事,然此時可以敲鑼打鼓,公然挨家挨戶乞錢,討的人心安理得,給的人破財消災,這或許也是一種變相的社會救濟吧!驅儺者所戴的面具,也在汴京市上成為應時物,一般人家或者掛於門上以驅邪,或者給孩子們當玩具(見《歲時雜記》卷四十「為面具」引《歲時雜記》)。

在這樣的日子中,唯一不與眾民同樂的,大概只有出家人了,因為出家人本就是要放棄世俗;他們以冬至、元旦等這些日子為「俗節」。但儘管如此,各寺院仍多會在這些日子舉行齋會〔註7〕。同時,汴京的寺觀更在除夕時「多燀湯饎食,以召賓客,謂之『浴殘年』。」(《歲時廣記》卷四十「浴殘年」引《歲時雜記》)汴京年節的氣氛,就連出家人也不能不受感染,更遑論一般居民了。

除夕夜中,國立的太學,用棗子、荔枝、蓼花三果祀神,以取「早離了」的諧音(見《癸辛雜識後集》)〔註8〕。此夜是年節的最高潮,直至次晨,爆竹聲、鼓聲徹夜不斷。王荊公詩云:「爆竹聲中一歲除」,《東京夢華錄》云:「是夜禁中爆竹山呼,聲聞于外」,是此時寫照。《荊楚歲時記》亦有元月一日「先於庭前爆竹以辟山臊惡鬼」的記載,可見此風由來已久。至於擊鼓,湖州土俗且有自十二月至來年正月半者〔註9〕。家祭之後,也將前幾日所買的門神、鍾馗、桃符等物換上,這都是驅除鬼崇,除舊布新的意思。「守歲」是除夕夜的重頭戲,金盈之《醉翁談錄》卷四云:

> 除夜,京師民庶之家,癡兒騃女多達旦不寐。俗諺云:「守冬爺長命,
> 守歲孃長命」。

「守歲」在闔家圍爐談笑,酣飲達旦的背後,竟有這樣動人的期盼,更加深了「守歲」在年節習俗中的意義。然而,此一習俗,卻在南宋中輳,據袁文

〔註7〕見《歲時廣記》卷七「作齋會」引《歲時雜記》。又唐馮贄之《雲仙雜記》卷四引《僧園逸記》云:「都下寺院,每歲用除磑磨,是日作破磨齋。」是知唐時已有此習。

〔註8〕又據岳珂《桯史》卷二「太學祭齋牌」云:「國學以古者五祀之義,凡列齋扁榜,至除夕必相率祭之,遂以為爐亭守歲之酹」。知除夜太學有祭齋室牌榜之俗,然岳珂南宋人,未知北宋時是否亦如此?

〔註9〕見《演繁露》卷六「臘鼓」:「湖州土俗,歲十二月人家多設鼓而亂撾之,晝夜不停,至來年正月半乃止。問其所本,無能知者,但相傳云:此名『打耗』,『打耗』云者,言警去鬼崇也。」

《甕牖閒評》卷三云：

> 古來除夕，闔家團坐達旦，謂之守歲。此事不知廢自何時，前此四
>
> 五十年，小兒尚去理會，今併不聞矣。

袁文生於宋徽宗宣和元年（西元 1119），卒於南宋光宗紹熙元年（西元 1190）
據其記載，則袁文年輕時，即北宋末年，尚有守歲之習俗。然而到了袁文老
年，亦即南宋初、中期，斯俗已廢。

　　正月初一〔註 10〕，清晨四鼓祭五瘟之神，祭畢並把所用器具酒食桌布，
都棄之於牆外。同時，尚有「釘麵蛇」的習俗，目的在驅除疫病〔註 11〕。事
雖無稽，卻也樸實表達了汴京人民的願望。而在飲屠蘇酒、食餳之外，汴京
人家有吃湯麵的習慣。北宋時湯麵叫「餺飥」或「不托」，又稱「索餅」、「湯
餅」，實皆一物，過年所食，又特別稱爲「年餺飥」。同時，還燒蒼朮以辟癘
氣，並且煎朮湯來喝。據《歲時廣記》卷五「擘柿橘」引《瑣碎錄》云：

> 京師人歲用盤盛柏一枝，柿橘各一枚，就中擘破，眾分食之，以爲
>
> 一歲百事吉之兆。

用諧音來求得來年的平安福運。一年之中，惟有在此時，無論士庶貧富，人
們的情感最爲接近。禁城中，皇帝接見外國使臣，接受他們的朝賀；而老百
姓們一見了面也互相賀年。平時不許民間賭博的，這時也特別「放關撲三日」，
萬民同樂。就是窮人，也穿上了新衣。過年的狂熱，似乎感染了每一個人，
使他們忘記了自己的身份，忘記了抱怨，而虔誠地爲自己、爲他人祈福、賀
年。即使不能親向他人賀年，也須「送刺」〔註 12〕示意。人們互相飲宴，又
剪彩紙造花勝、年幡（即今日之剪紙）互相贈送。平常就已經是車水馬龍，
行人不絕的馬行街、潘樓街等京中熱鬧處所，這時也搭起了綵棚，容納許多
販賣衣鞋、飾品、化妝品、鮮花、玩具的攤販；舞場歌館等娛樂場所也人來
人往，一派繁華景象。年節中除孩童外，最快樂的當是婦女了；他們平日大
門不出，二門不邁，這時卻也四處遊玩。《東京夢華錄》卷六「正月」所謂「向

〔註10〕宋時「正月」亦多有稱「端月」者，是避宋仁宗趙禎諱之故，《孔氏談苑》卷
　　　　二有載。

〔註11〕據《歲時廣記》卷五引《歲時雜記》云：「京師人以麵爲蛇形，又以炒熟黑豆、
　　　　煮熟雞子三物，於元日四鼓時，用三姓人掘地，逐件以鐵釘各釘三下。咒曰：
　　　　『蛇行則病行，黑豆生則病行，雞子生則病行』。咒畢，送掩埋之。」

〔註12〕送刺之俗始於宋，「刺」猶如今日之名片，《癸辛雜識前集》云：「節序交賀之
　　　　禮，不能親至者，每以束刺僉名於上，使一僕遍投之，俗以爲常。」然而，「送
　　　　刺」到了後世，成爲一種形式，成爲了沒有誠意的表現，還鬧了不少笑話。

晚貴家婦女，縱賞關賭，入場觀看。入市店飲食，慣習成風，不相笑訝」者是。再加上正月中都人忌針線，平日手藝不巧或懶事針黹的媳婦兒，此時更可順理成章地不做女紅了。就算出門遊逛，也無人會制止。

立春，在春節前後，是農民的大日子。到了立春，儘管還在過年，也必須開始準備新年度春耕之事了。立春前五日，開封府即造土牛於府前，以為立春之備。立春當日清晨四鼓，官員們雙手各拿著用五彩絲繩纏繞的春杖，擊打土牛，叫「鞭春牛」，又稱「鞭春」。此為政府獎勵農耕之意。然後市民們一擁而上，爭奪春牛身上的碎土塊，因為把它帶回家撒在簷下，可以驅蟲辟疫。每年也都有好些人因爭奪激烈而受傷。同時，在開封府南門前的西大街上，附近商家也賣小春牛應景，大者才如貓，又有用泥作雜伎人物出售者。汴京人也特別喜歡此類小玩意兒，遠近富貴人家，還專程駕車去觀賞，看到了中意的，不但自己買下，還習慣餽贈親友。此日皇帝並以羅綵剪成的旛勝賜給一般官員，至於宰執、親王、近臣，則賜他們用金銀箔剪成者；汴京市民亦以此相贈。官員們覲見皇帝後，即戴于頭鬢返家，亦有貼於屏風上者。因為是用紙、羅、金銀箔剪成小旗狀，所以就叫「旛勝」，「旛」亦可做「幡」。富貴人家，尤為講究，其奢華程度，《文昌雜錄》卷三云：

公卿家尤重此日，莫不鏤金刻繒，加飾珠翠，或以金銀，窮極工巧。

可見一斑。同時，除剪成小旗狀外，又有剪成燕蝶、花朵、金錢狀者，統謂之「綵勝」。而這又是立春日的特殊習俗，所以又叫「春勝」；以人日亦有此習，故亦謂「人勝」。

除了賜春勝外，立春前一日，皇帝還賜春盤及酒給近臣。盤中則是特大號的春餅，旁邊還以生菜、醃蘿蔔作裝飾。而民間也有餽送春盤的習俗，家中種花的，且以鮮花置盤中相贈送。在這一天，人們習慣要吃春菜，汴京的人還吃韭黃、生菜的涼麵，謂之「冷淘」。

以上所述，皆立春習俗，概而言之，都在迎接春之到來。因春天為萬物及一年之始，農人開始耕作、百花即將開放、燕子也將再回來，故而人們鞭春牛，剪春花、春旛、春燕、春雞，贈春餅、食春菜。到了正月七日的「人日」也有剪春旛的習俗，此時因以剪綵或鏤金箔為相連小人而相贈送，故稱「人勝」。這種習俗，早在《荊楚歲時記》中已有記載。同時，人日又作特殊食品－麵繭，《醉翁談錄》卷三云：「以肉或素餡，其實厚皮饅頭酸餡（即餕餡）也」。北宋之饅頭，即今日的包子。又在「餡中置紙簽，或削作木書官，

人自探取以卜異時官之高下」（引同上）。《清異錄》卷四「張手美家」且云喫「六一菜」（鄧之誠注《東京夢華錄》引鄭望之《膳夫錄》作「六上菜」，未知孰是）。此外，據《文昌雜錄》卷三之記載，自唐代即有於人日食煎餅之俗。且在人日前一日，以剪餅七枚棄於通衢大道上，可以送窮。一直到宋代，都有此習俗。另外，汴都士庶也在人日爭赴醴泉觀燒開年第一爐香，討個好采頭。

正月十五日，是為「上元」，這在北宋汴京又是個大節，同時也是漫長的「過年」中最後一個高潮。過了「上元」，人們就要收心，繼續辛勤地工作了。

上元節最有名的就是燃燈、觀燈，早在元旦街中「放關撲三日」時，就多有用上元之燈籠或用品作為采頭的。唐代，即准許上元放燈三日，至宋太祖乾德五年，以國家太平無事，遂准都人放燈五日〔註13〕，自元月十四日至十八日，此時金吾不禁，都人狂歡竟夜。到了徽宗末年，上元的慶祝活動達到了有史以來最熱烈、最華麗也最浪費的高峰。開封府在大內正門宣德樓前結起綵山，稱作「山棚」，旁邊還用棘刺圍繞，以免觀眾擁向山棚，謂之「棘盆」或「棘圍」。上元日至，四處燃燈、綵山也成了燈山，吸引都人圍觀，而至水泄不通。山棚上安有「××與民同樂」的大牌子（「××」為當時皇帝年號，如大觀、宣和等），中有木刻仙佛人物車馬，還引水到燈山頂端，定時放水如瀑布。兩旁草縛結成的巨龍，龍上密置燈盞，遠望就如真龍蜿蜒。山棚中更有各類雜伎藝人表演，吸引了萬千市民圍觀。如此景觀，持續五日。十六日時皇帝會在宣德樓上下視萬民，宣德樓二旁的綵棚都是親王重臣坐賞之處，而庶民百姓則擠在「棘盆」之外，觀看各種表演。各個宮觀寺院，都開放讓市民們進香，還設有樂棚作樂，供人聆賞。平常最熱鬧的幾條街道與娛樂場所，也搭了樂棚，行人紛紛駐足圍觀。每一條街巷口，就算沒有樂棚，也會搭起個皮影戲棚子，藉以吸引遊人及兒童，還可以防止本坊的兒童走失。官署、寺觀乃至大一點的店肆酒館，也都掛出各式各樣新奇的燈具來〔註14〕。

〔註13〕 《侯鯖錄》、《孔氏談苑》、《醴泉筆錄》俱以為京師原本放燈三夕，吳越錢鏐降宋，進錢買十七、十八兩夜燈。然據《燕翼詒謀錄》卷三引太祖乾德五年正月甲辰詔曰：「上元張燈，舊止三夜。今朝廷無事，區宇乂安，方當年穀之豐登，宜從士民之行樂，其令開封府更放十七、十八兩夜燈。」（《猗覺寮雜記》、《文昌雜錄》、《演繁露》、《鐵圍山叢談》、《容齋三筆》、《搜採異聞錄》均有與《燕翼詒謀錄》相類似之記載）由此可知，《侯鯖錄》等書實誤。

〔註14〕 金盈之《醉翁談錄》卷三「正月」云：「又有鐙毬、鐙槊、絹鐙籠、日月鐙、詩牌絹鐙、鏡鐙、字鐙、馬騎鐙、鳳鐙、水鐙、琉璃鐙、影鐙……」，可見鐙

尋常人家，也有懸燈籠者，甚且都人將燈籠、燈毬掛在車上爲飾，所以男女老幼多出門閑逛看燈。《歲時廣記》卷十引《古今詩話》云：「士女無不夜遊，罕有居者；車馬塞路，有足不躡地，被浮行數十步者。」《東京夢華錄》亦云：「五陵年少，滿路行歌」，上元觀燈，其實看的不單是燈，看的還有旁人的車服羅綺器用，更多看的是人，所謂「車馬往來人看人」者即是。當然，也有人不願在街上和人擠的，但卻連找個地方作通宵之飲，都不太容易。幸而找到，則是「酒興融怡，雅會幽歡」、「萬戶千門，笙簧未歇」。

　　上元放燈，滿城人潮，又准許關撲買賣，自是小販們大發利市的時候，《東京夢華錄》卷六云：

> 市人賣玉梅、夜蛾、蜂兒、雪柳、菩提葉、科頭圓子、拍頭焦䭔……
>
> 都下賣鵪鶉骨飿兒、圓子、䭔拍、白腸、水晶鱠、科頭細粉、旋炒栗子、銀杏、鹽豉湯、雞段、金橘、橄欖、龍眼、荔枝。

像玉梅、蛾蜂、雪柳等，都是以繒楮作成的婦女飾物。還有婦女在頭上戴大如棗栗，加以珠翠的鐙毬、鐙籠，更是華麗非常。至於焦䭔、圓（丸）子、科頭、鹽豉湯等，都是上元的應時食品。䭔即是餅，鄧注《東京夢華錄》引《膳夫錄》有「上元油䭔」，則焦䭔、油䭔，或爲一物。圓子即糯米丸，煮熟後沾糖吃，科頭即菉豆粉湯。鹽豉雜肉煮之即鹽豉湯。橄欖、柑橘、金橘等，則爲四方運入京師的珍果，價格亦極昂貴，就非一般平民百姓所買得起了。

　　元月十八日夜，謂之「收燈」，狂歡的年節，終於到了尾聲，城內外車馬行人已漸稀少，燈山綵棚也已拆去，人們縱然依依難捨，還是要收起燈具，留待來年。繁華後的蕭條、寂寞總是難堪的，卻也是必然的。上元的落幕如此，北宋的覆亡亦如此，只是明年還有上元，而宋代的風華盛事在汴京失陷後則終究無可復見！

第二節　上半年的節日

一、春　社

　　上元過後，百花盛開，春天眞的到了，汴京的人們有「探春」的習俗，加以汴都四週，俱是園圃；每到此時，綠草紅花，蝶舞鶯啼，自也引得遊人

──────────

具花樣之繁多。

處處賞玩。

　　立春之後第五戊日爲春社，一年有二社日，還有一個是立秋後第五戊日的秋社。社日在今天看來好像並沒有什麼特別，但在北宋時，卻是農家祭社稷的大日子，春社祈求今年有個好收成，秋社則是答謝社稷之神兼以慶祝豐收之意。婦女回娘家，亦多於此日。同時，據《醉翁談錄》卷三云：「學生皆給假，幼女輟工夫，若是日不休息，令人懞董」。縱然此日女孩不必作針線活兒，男孩不用上私塾，但是大家還是都得早起，不然社翁社婆（即今日之土地公、土地婆）〔註15〕一生氣，會將糞便抹在晚起的人臉上。

　　《東京夢華錄》卷八記載了在春、秋社及重午（即端午）、重九時：

> 各以社糕社酒相賚送。貴戚宮院以豬羊肉、腰子、妳房、肚肺、鴨餅、瓜薑之屬，切作棋子片樣，滋味調和，鋪於飯上，謂之「社飯」，請客供養。……市學先生預斂諸生錢作社會，以致雇倩、祗應、白席、歌唱之人。歸時各攜花籃、果實、食物、社糕而散。

可知社日除了祭祀之外，還有聯絡感情的意義在。據《歲時廣記》卷十四引《歲時雜記》的記載，則皇宮御廚尙造大環餅、白熟餅、蒸豚，連同社酒賜給近臣。普通人家則作饊餅，就著生菜韭、豚肉吃。另外，據《清異錄》卷四記載，汴京張手美家於二社日還賣辣雞肉飯，這也就是社飯了。至於社酒，則具有治耳聾的功效。社飯、社糕、社酒、社肉在祭祀過後，乃分給社祭的各戶。社日在傳統的農業社會，是具有實質上的意義，但在工商階層萌芽興起的北宋汴京以及皇室中，則已成爲娛樂性的民俗〔註16〕，而失去其原有內涵。

二、寒食（清明）

　　寒食，是北宋時一年三大節之一，《荊楚歲時記》云：「去冬節一百五日即有疾風甚雨，謂之寒食。」冬節即冬至。在宋代，寒食及前後各三日共放七天假，而在冬至後一百零四、五、六日禁火，所以又叫禁煙節，也叫百五

〔註15〕「社神」有謂「城隍」者，有謂爲「土地公、土地婆」者。一般而言，「城隍」者多於都會城邑；「土地」則遍布各鄉村，是較「親切」的神。此謂「社翁」、「社婆」，即土地公、土地婆。

〔註16〕如周密《乾淳歲時記》「社會」所載南宋時情形，更是如此。其「社會」，有「緋雲社」的雜劇、「齊雲社」的蹴毬、「遏雲社」的唱賺、「同文社」的耍詞、「角觝社」的相撲、「清音社」的清樂等等。此時之社祭，已純粹偏於娛樂了。此雖南宋時事，然頗可以爲北宋汴京之參考。

節。因為禁舉火，所以在前一日（即冬至後一百零三日）就先把往後幾天所要吃的先煮好，這一天就叫「炊熟」。第一百零四日開始禁火，民間稱之「大寒食」，又稱「私寒食」。第一百零五日寒食節又稱「官寒食」。一百零六日則為「小寒食」。一百零七日為清明，此日開火禁。

　　寒食是為了紀念介子推，所以不准舉火，也因此就無法蒸煮食物，一般人家只好在節前預備，像是去年醃的臘肉，此時便派上用場。《東京夢華錄》卷七也記有「子推燕」（《醉翁談錄》卷三作「子推」），是一種用棗麵作的餅（即「棗餬」），穿以楊柳，插於門楣（此物或只是一種應時擺設，而非拿來吃的）。人們也用粳米或大麥作粥，或是先時即以蒻葉包糯米，裡面加上魚、肉或鵝、鴨蛋，蒸好，如今日之粽子，而在寒食節吃。還有將豬肉煮好，作成如今日之肉凍，叫做「薑豉」，也是寒食的食品，吃的時候切片夾在餅中，調以薑豉。這些都是為了適應寒食而創出的食法。當然，市面上也有專賣寒食食品的，如《東京夢華錄》卷七云：「坊市賣稠餳、麥糕、乳酪、乳餅之類」。閭閻門外的張手美家也在這幾天賣「冬凌粥」（見《清異錄》卷四），為汴京市民解決食的煩惱。然而，還是有人非吃熱食不可，則只好用日曬或埋食器於羊馬糞窖中以取溫（據《癸辛雜識別集》卷下），膽大者則瞞著別人在密室中烹煮來解決（據《歲時雜記》）。

　　寒食是大節，所以政府亦於此時放關撲三日，而汴京人家也在寒食、清明之際上墳掃墓踏青。由於天候暖和，不少人就在野地吃喝起來。《東京夢華錄》卷七云：

　　　　四野如市，往往就芳樹之下或園圃之間，羅列杯盤，互相勸酬。都
　　　　城之歌兒舞女，遍滿園亭，抵暮而歸。

可見盛況。「清明上河圖」中所繪者，即為北宋汴京清明時節的實錄。另外，如鞦韆、蹴踘也是寒食節流行的遊戲。又因夏日將至，街上關撲也多博扇子。除了掃墓時攜家春遊外，據龔熙正《續釋常談》引釋仲殊《花品》序，知尚有賞花之會，謂之「看花局」。又因此月花最盛，如牡丹、芍藥、棣棠、木香，故市中多有賣花人，歌叫招徠。

　　清明節對活人的意義似是大過對死者的悼念；為什麼人們會在春天來到，百花盛開之際祭祖、掃墓，而又在掃墓後吃喝賞花、聽歌觀舞，生者與逝者、陽界與陰間的分際泯而不分。這兩種情感是怎樣調和？怎麼變得理所當然？也許，這只有中國人特有的人生觀才能解釋吧！

　　清明、寒食，總在上巳日前後，上巳即三月三日，古人用此日禊飲於水濱，王羲之著名的蘭亭集敘即作於這個「天朗氣清，惠風和暢」的時候。上巳本是每月皆有，也不一定在初三，但在魏以後訂於三月三日，人們在水邊遊玩採蘭，有驅除不祥的意義〔註17〕。到了宋代，則已成為人們相約遊宴的日子，此風汴京尤然，故每到此時，京城園圃，俱是遊人。北宋政府也自三月一日至四月八日，開放城西金明池、瓊林苑與金水河，供遊人遊玩宴聚，而以三月十八日最盛，故里諺云：「三月十八，村里老婆風發」，因為無論男女老幼，大家皆到金明池觀看龍船爭標。

　　此月中天候既好，遊人又多，自是商家大做生意之時。如金明池上「仙橋」與宮殿之迴廊，乃至瓊林苑中的亭榭，皆成為商家、藝人販售賣藝之處。池邊上有販售飲食，如「水飯、涼水荳豆、螺螄肉、饒梅花酒、查片、杏片、梅子、香藥脆梅、旋切魚膾、青魚、鹽鴨卵、雜和辣菜之類」（《東京夢華錄》卷七）；而傀儡戲、雜伎藝人，亦於池苑作場，以招遊客。池苑中固有的亭榭，也多為商家占了賣酒。然而在這麼些商販中，最多的還是關撲的攤販〔註18〕，他們搭了綵棚供遊人關撲，所撲者多是器用之物、衣服、錢財、珍玉、奇玩，遊人則每以竹竿挑所撲得之利物而歸。富貴人家且以車馬、房地、歌姬、舞女相撲而不吝惜，可見當時風氣。

　　京師此月遊人最盛，金明池南的龍船競渡爭標，池東岸的騎射、百戲，均供都人同觀。池西岸則由政府出租釣客垂釣，在宣、政間且租船供遊人遊池。而更多的人，則是在西大街北的金明池或街南的瓊林苑中聚宴，官吏亦然，至有於此賭博者〔註19〕。宋末徽宗時，汴京之繁華，都民之逸樂，雖臻至極，然官僚之腐化，風氣之敗壞，亦無以復加，則靖康之恥，二帝北狩，

〔註17〕《詩經》「鄭風」「溱洧」章即云於春日，士與女共遊溱、洧之上，且相「贈之以勺藥」。到了後世，遂有男、女於三月初，花正盛時，遊玩於水邊，且互贈以香草之俗。

〔註18〕宋初本只在元旦、寒食、冬至三節放關撲三日。可是到北宋中期，此禁漸開；宋末徽宗時已無三節之限制。至南宋，更幾至時時有之、處處有之。《雲麓漫鈔》卷五云：「犇撲食物，法有禁。惟元正、冬至、寒食三節，開封府出榜放三日，或以數十笏銀，或以樂藝女人，為一擲；其他百物，無不然，非如今常得犇撲也。」可以為證。

〔註19〕曾慥《高齋漫錄》云：「宣和間，人材雜進，學士待制班，常有數十人。乙巳之春，開金明池，有旨令從官於清明日恣意遊宴，是夜不扃郭門。貴人競攜妓女，朱輪寶馬，駢闐西城之外，諸公仍群聚賭博，達旦方歸。」

固不能謂無因也。

三、佛誕日

　　四月八日為佛誕日，此日與臘八俱有以為佛生日者，今則皆以此日為是。各大禪院作浴佛齋會，都人以「煎香藥糖水相遺，名曰浴佛水」(《東京夢華錄》卷八)。時值初夏，時鮮瓜果紛紛上市，如茄瓠，一對可值三五十千，又如桃、李、金杏、林檎、青杏、櫻桃，均受都人歡迎。京師酒店亦於此月「初賣煮酒」，汴京市民最喜歡到州南的清風樓飲酒，清風樓在城西踴路上太平興國寺附近，《東京夢華錄》云：「最宜夏飲」。佛生日也有特殊的食品，如在唐代即食「餻糜」(《文昌雜錄》卷三)，至宋代，據《清異錄》卷四之記載，則食「指天餕餡」，這是一種素食，大概類似於今日的花素包子。

四、端　午

　　「端午」即五月五日，又稱「重午」、「端五」，又稱「天中節」、「浴蘭令節」，是紀念屈原的節日。屈原楚人，此節日本為南方習俗，但汴京人亦於此日作粽子，據《歲時廣記》卷二十一引《歲時雜記》的記載，粽子有角粽、錐粽、菱粽、筒粽、秤鎚粽、九子粽等好幾種，口味也有甜鹹之異。又作「白團」，「白團」又名「水團」，其精者曰「滴粉團」，當亦為米食品之一種，可能類似今日鹹粽的做法，但不包上葉〔註20〕。同時，此日還吃棗糕與糯米稠粥；又用菖蒲、生薑、杏、梅、李、紫蘇切絲加鹽曬乾，或者以糖蜜漬之，作成蜜餞吃。喝的酒也要用菖蒲浸過，這大概和後世飲雄黃酒意義相同。

　　據唐宋舊制，端午賜官吏粽、扇，又賜公服襯衫，寺廟中亦以粽、扇子送給信徒，而道士則畫符，作尤湯以饋。汴京之人又有以桃、柳心燒熱水洗浴的習俗，此襲古人浴蘭湯之習。同時剪艾為虎形或剪綵為小虎，黏於艾葉上而戴之、衣之。又掛蒲、艾於門上，也有畫天師像貼於門，或泥塑天師像懸於門上者。凡此種種，意在辟邪、驅蟲虺。此外，「綵索」亦可辟邪，相傳投粽於江予屈原時，便須縛上「綵索」，如此則魚龍不敢食。故於端午，都人

〔註20〕或有以「白團」為白甜瓜者。《本草綱目》卷三十三甜瓜中確有「白團」之名。然據《歲時廣記》所引《歲時雜記》的記載，以其物滑膩，又云其「或雜五色人獸花果之狀」，又「或加麝香」，則其非瓜果明矣。《清異錄》卷四載重午食「如意圓 (丸)」，或即此物。

亦多將「綵索」縛於臂上，或繫之於門，或做成囊袋掛於身上（其中加以香料，即爲今日之香袋），這也都是辟惡延齡的意思。所謂「綵索」，《東京夢華錄》謂之「百索」，據《演繁露》卷七云，「綵索」即青、赤、白、黑、黃五色線爲之。又據《歲時廣記》卷二十一引《歲時雜記》云：「在潘樓下、麗景門外、閶闔門外、朱雀門內外、相國寺東廊外、睦親、廣親宅前」均有鼓扇百索市，均賣此物。所謂「鼓」，《東京夢華錄》謂「銀樣鼓兒」，《醉翁談錄》卷四云：「俗造小鼓懸於梁，或置臺座上，或鼗鼓，或雷鼓，其制不一。」至於扇，《東京夢華錄》謂之「花花巧畫扇」，《醉翁談錄》卷四云：「又造小扇子，或紅、白、或青，或繡、或畫、或縷金、或合二色」，可見端午時，此類應時物處處皆賣，汴京之人亦不能免俗，或購以自用，或饋贈親友。據《歲時廣記》卷二十一引《歲時雜記》，則汴都之人於端五作色紗罩，用以罩食物，又可做爲小兒蚊帳。陰曆五月初，將入盛夏，在中緯度的開封，氣候恐怕也頗炎熱，夏日蚊蠅猖獗，端午節正提醒人們炎夏已到；同時，爲防小兒流汗長痱子，還用蚌粉及棉花包入帛中，作成粉撲以裛汗。

大體來說，宋人似乎較不重視端午，在汴京也沒有聽說什麼賽龍舟的風俗（然卻於三月中在金明池有龍舟競渡爭標），或許這是南方的節日，北方人對屈原較無這般濃厚的感懷與思念；或許北方不似楚地河湖遍佈，多蛇虺及瘴癘之氣。因此，許多南方的習俗，乃至信仰，在北方就變得不是那麼重要；也或許正如同《詩經》與《楚辭》的差別，這其中存在著先天體質的差異。因而汴京人於屈原、於端午，並沒有那麼熱衷，他們在端午的主要大事只是潔身、辟邪，至於對屈原的懷念，則僅居次要地位了。

五、三 伏

夏至過後，天氣越加炎熱，夏至後第三庚日起爲「初伏」，第四庚日起爲「中伏」，立秋後第一庚日起爲「末伏」，總謂之「三伏」，是一年中最熱的時候。在汴京，據《歲時雜記》的記載，有習俗以爲此日食百家飯則耐夏。但因百家飯難集，所以便想出了在柏姓人家求飯的法子，也可以當之。到了「三伏」，天更熱了，政府在「初伏」時即每日將冬天所藏的冰賜給近臣及史官。《醉翁談錄》卷四，謂士大夫不以「三伏日」爲節，只有官吏、醫生、富商在此日飲宴，並食「羊頭簽」。《東京夢華錄》卷八云：

都人最重三伏，蓋六月中別無時節，往往風亭水榭，峻宇高樓，雪

檻冰盤，浮瓜沈李，流盃曲沼，苞鮓新荷，遠邇笙歌，通夕而罷。

則可具見汴京一般人民於暑日之生活情趣。

在三伏日間，尙有「天貺節」及「二郎神生日」兩個在宋代不算小的節日。「天貺節」是六月六日，因爲宋眞宗祥符元年六月六日時，倭臣謂眞宗天書降於泰山醴泉，故年號「祥符」。於祥符四年正月，遂詔六月六日爲天貺節，京中放假一天，並且禁屠九日，同時汴京宮觀須齋醮七日。然而，此日本是基於皇帝的迷信而來，於一般百姓原無多大關係，反而造成生活上的不便（如禁屠九日），宮觀齋醮亦由七日旋減爲三日，爲一日，後來更廢之。而至南宋時，休假亦取消。此一節日乃益受冷落。而據《東京夢華錄》，民間以此日爲崔府君生日，崔府君主幽冥之事。至此日，傾城之人以香、楮往獻。由此看來，天貺節的份量恐是遠遠不及崔府君生日的。

二郎神生日，則在六月二十四日，二郎神相傳爲秦李冰之次子，本是四川灌口之神。然自宋代開始，此神即極靈應，汴京亦有其廟，於萬勝門外，皇帝並敕賜「神保觀」。都人每在二十三日的夜晚，二十四日凌晨五更時，即赴廟爭燒頭爐香，爲了搶個頭采，還有人在廟中熬個通宵的。官員及百姓皆捨物以獻，「所獻之物，動以萬數」（《東京夢華錄》卷八）。並在廟前呈百戲。由此可見，官方與民間均極注重此一節日。這倒不一定是迷信，只是從民之所好而爲之，這也是統治者鞏固其統治的一種藝術。

立秋前後，仍在三伏日中，俗謂「三伏加一秋」。此時雖已入秋，然而，依民間的說法，卻還有十八隻（十八日）的秋老虎，氣候依舊炎熱。在立秋，「滿街賣楸葉，婦女兒童輩，皆剪成花樣戴之」（《東京夢華錄》卷八「立秋」）。同時，此月水果亦多，如瓜、果、梨、棗、雞頭。所謂「雞頭」，即芡實，在汴京是深受各階層人們歡迎的食物。以梁門內李和家所賣最著名，「一裹十個，用小新荷葉包，糝以麝香，紅小索兒繫之」（《東京夢華錄》卷八），東西新鮮，包裝亦極吸引人，無怪乎都人無論士庶均十分喜愛了。

第三節　下半年的節日

一、七　夕

「七夕」是七月分第一個大節，也是十分富有詩意的一個節日，又名「乞

「巧」節，俗於此日求「巧」。相傳牛郎、織女於此日渡天河相會。故於此日前後，均必落雨。七月六日的雨叫「洗車雨」，七日的則叫「灑淚雨」，這也都是根據牛郎織女這美麗神話而來的。亦有以七月六日乞巧者，如《歲時廣記》卷二十六引《歲時雜記》即云：

> 京師人家，左廡以七月六日乞巧，右廡則以七夕乞巧。

而太平興國三年七月乙酉，乃詔曰：「七夕佳辰，近代多用六日，宜以七日爲七夕，頒行天下。」（引自《燕翼詒謀錄》卷三）如此看來，儘管官方訂七月七日爲「七夕」，但「乞巧」之俗，亦多有早在七月六日即行之者。

每至七夕，汴京城內即有「乞巧市」，在潘樓前、麗景、保康、閶闔門外，及睦親、廣親坊前皆有之，而以潘樓下爲最盛。市中賣「磨喝樂」，是一種小土偶，《東京夢華錄》云其「悉以雕木彩裝欄座，或用紅紗碧籠，或飾以金珠牙翠」，所以價錢並不便宜。但儘管如此，皇家、貴族、富人乃至平民，都習慣在此日買之，南方人稱此爲「巧兒」。「磨喝樂」亦有作「摩睺羅」者，一音之轉而已。又賣「水上浮」，乃用黃蠟鑄成水鳥、龜、魚的一種玩具。又賣「穀板」、「花瓜」、「果食」〔註21〕，「果食」有作人物之形者，謂之「果食將軍」，殆如今日之「捏麵人」，人以之相贈遺。還在七夕前十日，即在磁盆中培植菉豆、碗豆或小麥苗，稱爲「種生」，又稱「生花盆兒」。既是擺設，也可以種來吃。潘樓下的「乞巧市」，從七月初一開始，就車水馬龍，到了七夕前兩三天，人車更多，甚至交通爲之堵塞，要到半夜才散。

「七夕」有許多習俗，這個日子並不像其它的節日，並沒有太重的「酬神」意味。它的習俗，與其說是一種習俗，毋寧更近於娛樂。和其它節日一樣，京師的人們仍要祭拜，只不過祭拜的是牛郎、織女兩個既無實權，又浪漫的神，這在中國人的信仰中，殊爲難得。據《東京夢華錄》云：

> 至初六日七日晚，貴家多結綵樓於庭，謂之「乞巧樓」。鋪陳磨喝樂、
> 花瓜、酒炙、筆硯、針線，或兒童裁詩，女郎呈巧，焚香列拜，謂
> 之「乞巧」。

這是一個屬於年輕人與婦女的節日。「乞巧樓」之外，還有用竹、木、麻編成的「乞巧棚」。又作「仙樓」，刻牛郎、織女像於其中，這與前面所述的磨喝

〔註21〕《東京夢華錄》卷八「七夕」云：「以小板上傅土，旋種粟令生苗，置小茅屋、
　　　　花木，作田舍家小人物，皆村落之態，謂之『穀板』。又以瓜雕刻成花樣，謂
　　　　之『花瓜』。又以油麵糖蜜造爲笑靨兒，謂之『果食』。」

樂、針線等，都是「乞巧」的必備道具。婦女們向日穿針，穿過的叫做「得巧」。也有在小盒子內養蜘蛛，第二天再看看盒中的蛛網是否圓正，若然，也謂之「得巧」。婦女們所穿的針有五孔、七孔、九孔之別，不過不論是幾孔，都不是實用的針，而且針眼也特別大，好讓婦女「得巧」。所謂「得巧」，是指婦女手能巧，針線活兒也能做得更好，這是因爲織女在天上掌管織布女紅之事的緣故。據《歲時廣記》卷二十七引《歲時雜記》的記載，七夕，婦女以針線箱置織女位前，並書「乞巧」二字；兒童則以文房四寶置牽牛位前，寫著「乞聰明」。七夕乞巧的習俗，如前所述，稱之爲娛樂，是更恰當的。因爲雖然「乞巧」、「乞聰明」，人們也並非表達著一種「勢在必得」的渴望，至多只是求個心安，應應景罷了。

二、中　元

　　七夕過後，即是「中元」，又稱「盂蘭盆節」。七夕時的「乞巧市」，此時依然熱鬧如恆，除了賣果食、種生、花瓜等物之外，又加賣了中元節的應時物品，如「冥器靴鞋、幞頭帽子、金犀假帶、五綵衣服」及「印賣尊勝目蓮經」。此節是一個宗教氣氛極濃的節日，「中元」是道家三元（上、中、下）之一，鬼簿中之餓鬼囚徒在此時始有機會還返人間，道觀亦皆於此日作齋醮。佛家乃以此日爲「盂蘭盆節」。佛寺並於是日「解夏」〔註22〕，大作法會，曰「盂蘭盆會」。而從七夕之後，到十五日中元，勾欄中的樂人，也搬演「目蓮救母」雜劇。一般汴京人家則在此日以稬米飯素食供祖先，又以楝葉鋪於供桌桌面，以麻穀莖編成窠兒套住桌腳，這在祭祖之外，也有告祖先秋成之意。如有新墳，亦於是日拜掃。至於宮廷中，也在此日至道者院謁墳，國家在此日焚錢山祭陣亡將士及孤魂野鬼。總之，這是一個屬於冥界的節日。人們將冥錢、衣服掛於「盂蘭盆」中，以獻先祖。所謂「盂蘭盆」，是以「竹竿斫成三腳，高三五尺，上織燈窩之狀」（《東京夢華錄》卷八），《老學庵筆記》卷七則云「織竹作盆盎狀」，並在祭畢焚燒後以其所倒的方向來占氣候，「向北則多寒，向南則多溫，向東西則寒溫得中」。據《盂蘭盆經》的記載，目蓮見母於亡鬼中，遂以缽盛飯餉其母，這就是「盂蘭盆」的起源。可是後來之人

〔註22〕　所謂「解夏」者，佛教僧尼於四月十五日起靜居寺院九十日，其間不出寺門活動，稱爲「結夏」；至七月十五日，整個「結夏」結束，此日謂之「解夏」。

「廣為華飾,以至刻木、割竹、飴蠟、剪綵、鏤繪;模花果之形,極工巧之妙」(《歲時廣記》卷二十九),大異從前。同時,汴京的攤販還有賣轉明菜、花花油餅、餕餡(即酸餡、餕餡、餕餡)、沙餡等食品,《清異錄》卷四亦載張手美家賣盂蘭餅餡,皆是應時及供奉祖先的食品。而市街尚有兒童唱賣雞冠花,汴京人稱之為「洗手花」,亦為供祖先者。又據《歲時廣記》卷三十引《歲時雜記》的記載,則在宋初,非但上元,即中元、下元亦張燈三夜。然於淳化元年,詔罷中元、下元觀燈。(又見於《春明退朝錄》卷中、《曲洧舊聞》卷七,惟較簡略)

三、中秋與重陽

「中秋」與「重陽」,是最能表現出秋天特質的兩個節日。秋季裡氣候清爽舒適,而多佳日,月兒也分外明朗。是以人們紛紛走出屋外,去感受這怡人的自然景物,而投身於大自然的懷抱。先看「中秋」,它並無「中元」的濃厚宗教氣氛,而如「七夕」般,是個娛樂意味較高的節日。在此日中,十二、三歲的少年男女穿了成人的衣服,在庭中或是樓上拜月;少年求的是早得功名,女孩求的是貌似嫦娥。而相傳中秋夜的月色明朗則兔生子多,海中之蚌亦多產明珠,故婦人不孕者亦拜月求子。中秋節前後,汴京各家酒店開始賣新酒,生意也特別好,常常到了下午就賣光了,不得不拉下望子,提早休息。這時螃蟹與各色時鮮果品,如石榴、橙橘、梨棗、栗子等都上市了。而到了中秋夜裡,富貴人家揀個視野、風景好的地方搭臺子賞月。一般平民,則到酒樓占個望月的好位子。各處樂聲不絕,兒童們也通宵玩耍,汴京城內四處人潮,直到次晨。

九月九日「重陽」,又叫「重九」,此時秋高氣爽,人們每於此日登高飲酒。汴京人自也不例外,城外的幾個去處,如倉王廟、四里橋、愁臺、梁王城、硯臺、毛駝岡、獨樂岡,都是都人們遊宴的去處。此時也是菊花正盛時,京城的酒家且以菊花飾門戶。都人以剪綵繪花及蒸糕相饋贈,皇帝則在此日賜臣下糕、酒,並在上插以菊花。這種習俗在唐代就已有了,據《文昌雜錄》卷三云:「九月九日,則有茱萸、菊花酒餻」。至於這種「餻」,據《歲時廣記》卷三十四引《歲時雜記》云:「大率以棗為之,或加以栗,亦有用肉者,有麵糕、黃米糕,或為花糕」,《東京夢華錄》卷八則云:「上插剪綵小旗,摻釘果實如石榴子、栗子黃、銀杏、松子肉之類」。可見此糕有甜有鹹。有用「小泥

象糝列糕上」，稱作「萬象糕」；有「以粉作獅子蠻王之狀，置於糕上」，叫作「獅蠻糕」；又有在「糕上置小鹿子數枚」，叫「食祿糕」。此種糕點除了是應時食品，還有吉祥的意思在，《醉翁談錄》卷四云：「是日天欲明時，以片餻搭兒頭上，乳保祝禱之云『百事皆高』。」此習俗殆與過年吃年糕，而曰「年年高陞」之俗相類似。此日中各大禪寺作齋會，「開寶寺、仁王寺有獅子會，諸僧皆坐獅子上，作法事講說」（《東京夢華錄》卷八）。市民們重陽日登高飲酒賦詩，意猶未足，更還有在九月十日再集宴賞者，號曰「小重陽」。

四、冬至（十月朔、立冬附）

十月份，暑氣已去，寒氣未來，故有曰「十月小陽春」，要到過了「立冬」，天氣才真正變冷。關於「十月朔」這個宋代的特殊節日，據《東京夢華錄》卷八云，自九月下旬就開始賣冥衣，以讓人在十月朔日燒獻。天氣轉涼，故爲先祖添寒衣，這也是人子的一番孝心。另外，《醉翁談錄》卷四「十月」云：

> 舊俗十月朔開鑪向火，乃沃酒及炙臠肉於鑪中，圍坐飲啗，謂之「煖鑪」。至今民家送親黨薪炭、酒肉、氊褥，新嫁女幷送火鑪。

因爲十月算是冬天了，所以開始準備火鑪，就是在宮禁中，也是到了十月一日才許置火。同時，皇帝還在此日賜百官公服，賜將士夾袍。汴京的僧寺也在此日開鑪作齋會。

到了立冬，就表示正式進入冬天了。立冬前五日，即由西御園進冬菜至宮中，以備冬天食用，民間也在此時收藏蔬菜。這是因爲北方天氣冷，冬天無法種菜的緣故。也因此，蔬菜從南方大量運輸北上，充塞道路，爲漫長冬季做準備。

「冬至」在十一月中，是宋代的一年三大節之一，《東京夢華錄》卷十云：

> 京師最重此節。雖至貧者，一年之間，積累假借，至此日更易新衣，備辦飲食，享祀先祖。官放關撲，慶賀往來，一如年節。

由此可見，汴京人非常重視這個節日，僅次於春節，所以汴京人稱之「亞歲」。也因此，一般人又以冬至前之夜爲「冬除」，此日的習俗也大都仿除夕、過年的習俗，而略有差異。汴京市民們在這一天習慣吃餛飩，相對照於元旦食餺飥，故有「冬餛飩，年餺飥」之語。開封俗語也說：「新節已過，皮鞋底破，大擔餛飩，一口一箇」（見《醉翁談錄》卷四）。百官亦於此日朝賀天子，一如元旦，謂之「排冬仗」。此日和過年有一點不同的是，民間於此日多相問遺，

但在歲除時則無此習，故而諺稱「肥冬瘦年」。又因冬至以後，天候愈來愈冷，故而一般百姓「自冬至之次日，數九，凡九九八十一日。里巷多作『九九詞』。又云『九盡寒盡，伏盡熱盡』。」這是一般平民消寒的心理方法。近世北方亦有作「九九消寒圖」者，乃畫八十一個圈，冬至過後起，一日畫去一圈，八十一日盡，則冬天就在不知不覺中過去了。這不僅是一種習俗，也是一種帶有趣味的休閑活動，更是先民生活經驗的累積。

第四節　其它

以上臚列了北宋時的一些重要節日、節令習俗及汴京人民生活、慶祝的情形。除了這些含有酬神、娛神乃至娛樂性的節日外，還有些節日，是和人民生活並無多大關聯者，如趙升《朝野類要》卷一「故事」，「諸節」條所載：

> 自唐以二月一日為中和節，國朝因之。以正月三日為天慶節（景德五年正月三日，天書降）。四日為開基節（周顯德七年正月四日，太祖皇帝登位）。四月一日為天祺節（大中祥符元年四月一日，天書降）。六月六日天貺節（大中祥符三年六月六日，天書降）。七月一日為先天節（後唐天成元年七月一日，聖祖軒轅皇帝降）。十月二十四日為降聖節（大中祥符五年十月二十四日，天書降）。是日禁屠宰行刑，著為令甲。

又如王明清《揮麈前錄》卷一云：

> 本朝太祖二月十六日生為長春節；太宗十月七日生為乾明節，後改為壽寧節；真宗十二月二日生為承天節；仁宗四月十四日生為乾元節；英宗正月三日生為壽聖節；神宗四月十日生為同天節；哲宗十二月七日生，避僖祖忌辰，以次日為興龍節；徽宗十月十日生為天寧節；欽宗四月十三日生為乾龍節。

其實這些「節日」，對一般人民並無多大意義；於人民生活除了不便外（如禁屠），恐亦無影響，故但存錄於此。〔註23〕

〔註23〕據洪邁《容齋五筆》卷一「天慶諸節」云：「大中祥符之世，諛佞之臣，造為司命天尊下降及天書等事，於是降聖、天慶、天祺、天貺諸節並興。始時京師宮觀每節齋醮七日，旋減為三日、一日，後不復講。百官朝謁之禮亦罷。今中都未嘗舉行，亦無休假，獨外郡必詣天慶觀朝拜，遂休務，至有前後各一日。」可知這些節日原本休假並齋醮七日，可是到了南宋時，即已取消，

　　至於政府中百官的休假，據龐元英《文昌雜錄》卷一云：

　　祠部休假，歲凡七十有六日：元日、寒食、冬至各七日。天慶節、
　　上元節同。天聖節、夏至、先天節、中元節、下元節、降聖節、臘
　　各三日。立春、人日、中和節、春分、社、清明、上巳、天祺節、
　　立夏、端午、天貺節、初伏、中伏、立秋、七夕、末伏、社、秋分、
　　授衣、重陽、立冬各一日。上中下旬各一日，大忌十五，小忌四。
　　而天慶、夏至、先天、中元、下元、降聖、臘皆前後一日後殿視事，
　　其日不坐。立春、春分、立夏、夏至、立秋、七夕、秋分、授衣、
　　立冬、大忌前一日，亦後殿坐，餘假皆不坐，百司休務焉。〔註24〕

上面所述，爲京城中政府官員的休假日。至於在京朝官若返鄉里，於水陸舟
車所耗費時日外，並「給假一月澣濯」，以「展掃墳墓、聚會親族，料理生產
作業」（見《燕翼詒謀錄》卷三）。

　　以上即北宋汴京在一年中人民節慶及官吏放假的情形，而敘述的重點，
則放在節慶中人民的各種習俗上，不論此習俗是基於祭祀信仰抑或酬神娛樂
而來，均形成了一個節日的特色，而諸多習俗匯集起來，也構成了人們一年
生活的主要部分。同時，習俗往往也表達人們對上蒼的祈望。他們透過賄賂
（不管是酬神、娛神或祭祀）及小心地避開一些禁忌，盡心盡力地討好天上
不可知的神明，同時運用暗示、明示、象徵的各種方式，表明了自己對來年
的期盼。這當然是空泛的，人們當然知道這些習俗、期盼與未來如何，並沒
有什麼邏輯上的關聯，這和各個節日常有的「占候」之俗一樣，不過是盡人
事、求心安而已，但卻也表現了人們在潛意識中想要充分掌握未來的願望。

　　　只有外郡仍行朝拜、休假，但比之北宋眞宗時，則簡化多矣。
〔註24〕此云一年休假七十六日，然據文中所記，實不只此。而元日、天慶節假期與
　　　立春、人日恐有重疊，其它陰曆之假日與二十四節氣之假日亦有重疊之可能，
　　　則不知所云「七十有六日」，究係如何得出？

第七章　汴京人民的禮俗

　　「禮」與「俗」是分不開的，我們常將「禮」、「俗」並稱。「禮」乃是人
類生活的合理規範，它原本就是由約定俗成的，是先民生活中經驗、習慣的
累積，從而制定出來的一種規範，是智慧的結晶。禮在經由習俗、經驗萃取
出來後，乃為後人所遵行不渝。婚有婚禮、喪有喪禮、祭祖先、天地有特殊
的祭祀之禮，舉凡生活中的一切細節，均有特定的「禮」與之相應。同時，
古代帝王又利用「禮」，使得階級的劃分更加鮮明。什麼樣的身分，才可行什
麼樣的禮。有些禮（如祭天），更是只有帝王自己才能行之，庶民百姓不得稍
有逾越。法律並予以逾禮者嚴厲處罰，且透過輿論（大半起自知識分子）加
以制裁。正因為「禮」在生活中無所不在，其規範又如此嚴密，故乃自早期
對未可知神靈的信仰所產生者，轉變成為一種上下的倫理觀念。至於「俗」，
其產生、形成與「禮」是差不多的。只是「禮」變成了如法令般明確的制度，
並由施政者自上而下要求人民遵守，希望以半天然、半人為的方式，來形成
人民生活、行事的固定模式。而「俗」則是從民間基於種種理由自然形成的
一種生活習慣，並且是非強制性的。「禮」、「俗」二者雖有如此差別，但他們
的起源是相同的，故本文於此並稱之。而本章所介紹的禮俗，則包括祭祀、
婚喪生子作壽等人生歷程，乃至一般生活之禮儀等方面。敘述重點放在一般
平民，而有關帝王貴族，或已與生活脫節之禮，則僅在必要時略及之。至於
所述禮俗（如祭祀）中，已見於前章「歲時生活」者，則不再述。

第一節　祭　祀

　　祭祀之禮有祭天、社祭等不同對象，祭天是皇帝的專利，因為皇帝是「天

子」，因此祭祀上天自然輪不到庶民百姓。只有到了近代，民間才漸有祭天習俗，如在元旦、中元等大節，更合祭天與祭祖而行之。至於官方祭祀，《雞肋編》卷中云：「在京大中小祠，歲中凡五十」〔註1〕。可見宋代頗重祭祀之禮。然以本文重點在敘述一般平民生活，故在此只就汴京之政府大中小祠以列表方式做一簡單敘述：〔註2〕

	大　祀							中　祀			小　祀
	祀昊天上帝	享太廟后廟	祭太社太稷	祀九宮貴神	祠太一宮	祠五方帝	其　它	釋奠文宣王廟	釋奠武成王廟	其　它	
立春					東	青					祭司命、戶
立春後亥										享先農	
立春後丑										祀風師	
正月上辛	祈穀	✓	✓				祀感生帝				
二月上丁								✓			
二月上戊									✓		
二月戊日		✓	✓							祭五龍祠	
二月剛日										祭馬祖	
春分							朝日、祭高禖				
三月巳日										祭先蠶	
立夏					中	赤					祭灶

〔註1〕 關於官方祭祀，《雞肋編》云有五十，《文昌雜錄》卷四則云：「祠部每歲祠祭，大祠三十……中祠十有四……小祠十有三……」《宋史》卷九十八，「禮志」一則云：「歲之大祀三十……，中祀九……，小祀九」。而據《宋史》記載知北宋時官方之大中小祀，代有增加、改變，這也是所以三書所記互異之故。

〔註2〕 本表以《雞肋編》卷中、《文昌雜錄》卷四、《宋史》「禮志」一之記載做成。以在汴京之祭祀為主，於外地州縣之祭祀則不列入（如嶽鎮海瀆之祀為中祀，然未列）。

立夏後申										祀雨師雷師
四月	雩祀	✓								
五月										享先牧
夏至							祭皇地祇			
六月土王						黃				祭中霤
立秋					西	白				祭門、厲
立秋後辰										祀靈星
七月		✓								
八月上丁								✓		
八月上戊									✓	
八月戊日			✓	✓						
八月剛日										祭馬社
秋分							夕月			祀壽星
九月	享明堂									
立冬					中	黑				祭行
立冬後亥										祭司中司命司民司祿
十月		✓					祭神州地祇			祭司寒
十月剛日										祭馬步
冬至	✓									
臘日	郊	✓	✓				蜡			

　　太一宮有東、西、中之異。五方帝則謂青、赤、黃、白、黑五帝，因宋以火德，故亦以赤帝爲感生帝。馬祖爲馬神，馬社亦神名，爲始乘馬者，馬步則爲災害馬之神，均在剛日（即奇日）祭之。靈星主稼穡，壽星即南極老人星，祀之祈福壽。

　　宋代祀天有四：祈穀、雩祀、享明堂、郊。均祭昊天上帝，惟郊三年一

舉，合祭天地（見《宋史》「禮志」三）。此外，宋代是三年一祫、五年一禘，祫是合祭祖先的大祭，在孟冬十月，是年「則停時享」。禘則是祀天的大祭典，在孟夏四月舉行，行禘禮之年亦停時享〔註3〕。行禘祫之年，並大赦天下。宮廷祭祖，則在正月上辛、四月、七月、十月、臘日五次，爲大祀。

　　以上簡單記錄了北宋官方諸祭祀之禮，至於社祭之禮，因已於前「歲時生活」處敍述過，故於此不再重複。在此即敍述北宋時一般平民的祭祖之禮，而在前「歲時生活」敍述各節令習俗時，亦嘗敍及節令中諸般祭祖之儀，在此則做一歸納。另外，至於一般人民對於神明的祭祀，則在下一章「信仰」中再行說明。

　　中國人是重視家族倫理的民族，也因此，在家中親人過世之後，仍存有對親人的思慕之情，就好像親人並未去世，並未離開自己一般。這種慎終追遠的觀念，加上中國人道德觀中高於一切的孝道思想，造成了中國人特別重視祭祖的結果。早在商代，即將祖先視爲與上帝溝通的橋梁。人們內心有所祈求，並不是直接祈天，而是祭祖，向自己的祖先祈禱，祖先成爲天意的代言人。魏晉以後，佛教對中或產生了極大的影響，雖然正統的佛教徒不祭拜祖先，僧尼甚且「出家」不奉養父母。但是他們卻以修行的方式，欲臻祖先、父母於極樂，這可以說是孝道精神的一種轉換。在一般人民方面，佛家齋素不殺生與輪迴的觀念深深進入了人們的思想中，像唐以後漸盛的盂蘭盆節（中元是道家的說法），就是佛教思想與中國固有觀念結合的最佳例證。

　　祭祖儀式在一年中之諸大節與祖先的祭日行之。除了在思念、追懷祖先外，於節日祭祖，更有與祖先一同過節的深一層涵義。另外，如婚嫁、生子等家中有大事之日亦須祭告祖先，以示不忘祖先。

　　北宋時，儒家士人發展修訂出一套禮儀制度，《卻掃編》卷中云：

> 近世士大夫家祭祀多苟且不經，惟杜正獻公家用其遠祖叔廉書儀四
> 時之享。……又韓忠獻公……參用古今家祭式，其法與杜氏大略相
> 似，而參以時宜。

便是士人祭祖禮儀的例子。當時士大夫錄之成書，以爲儀範，遂造成了宋代

〔註3〕　《雞肋編》卷中云：「五年一禘，則停時享」、「三年一祫，則停時享」。在北宋時，新君即位，三年之喪畢，遇禘則禘，遇祫則祫。如《宋史》卷一百零七禮志十載眞宗咸平二年，改孟冬薦享太廟爲祫享；仁宗則於初即位的天聖元年孟夏薦享時，即爲禘享；英宗治平二年十月行祫祭、三年四月又行禘祭，均停時享，且以二次大祭相隔過近，又罷治平二年的臘祭。均可爲證。

以後禮制愈趨規範化且愈爲繁瑣。如司馬光、杜有晉、劉岳等諸人均有「書儀」之作，就是在這種時代背景下產生的〔註4〕。

祭祖之日，據《卻掃編》卷中云韓忠獻公的家祭「如分、至之外、元日、端午、重九、七月十五日之祭皆不廢」。大體來說，汴京人於除夕夜、元日、端午均要祭祖。此外，如前述，尙有於四季分至日亦祭祖者。而清明、中元、十月一日三天，京師之人尙須上墳祭拜，清明時以供饌祭祖，七月十五及十月一日則焚紙錢〔註5〕、寒衣予祖先。上述即汴京市民於一年中一般祀祖先之日，至於祖先之生日、祭日，自亦須上墳奠之，不在話下〔註6〕。

在祭祖的儀式方面，司馬光的《司馬氏書儀》卷十云在祭之前，須由主人率同諸男，以長幼爲序，於家廟卜筮擇日〔註7〕。決定祭祀之日後，

> 前期三日，主人帥諸丈夫致齋於外，主婦帥諸婦女致齋於內。雖得
> 飲酒，而不至亂。不食肉，不茹葷。不弔喪、不聽樂。凡凶穢之事，
> 皆不得預，專致思於祭祀。

到了期前一日，

> 主人帥眾丈夫及執事者灑掃祭所，滌濯祭器，設倚卓。考妣並位，
> 皆南向西上。主婦帥眾婦女滌釜鼎，且祭饌。……執事者設盥盆有
> 臺於阼階東南；帨巾有架在其北。又設盥盆帨巾無臺架者於其東。

到了祭祖之日，清晨天尙微明時，主人主婦就必須將蔬果酒茶等物置於供卓上，並設置香案，又在盥盆中注水。須與天明，祭饌即須備妥，然後主人與主婦在盥手帨手後，由主人率同諸男子，主婦率同諸婦女，將祖先牌位自家廟迎至祭所。到達祭所，主人焚香，再率諸男子獻供品，謂之初獻。先奉肉食，再由主婦率諸婦女奉麵食、米食。之後，再由主人奉曾祖考妣及祖考妣

〔註4〕　儒家原本即有一套禮儀制度，記載在《禮記》中。然而經過魏晉南北朝五胡亂華，禮制遂墜。唐室具有西域血統，社會風氣極爲開放，對這些上古禮儀，亦不甚注重。北宋則重文輕武，爲儒教中興期，儒家士大夫、學者亦紛紛以恢復固有道德、禮儀爲己任。這也是此時產生這麼多「書儀」之作的原因之一。

〔註5〕　宋代於喪祭燒化紙錢之風極盛，自上至下皆然，而一般士大夫中，亦有反對焚紙錢者，如錢若水（見《愛日齋叢鈔》卷五）、杜正獻（見《卻掃編》卷中），然爲數甚少，而焚紙錢之風愈後愈盛。

〔註6〕　據南宋朱熹《朱文公家禮》以爲冬至祭始祖，立春祭先祖，季冬祭禰。然北宋時一般人民祭祖是否明顯劃分如是，頗值得懷疑，故但存錄於此。

〔註7〕　此段所謂祭祖，是一年中特別擇定吉日的祭祖之祀，率都在仲月舉行（因國家享太廟用孟月，私家不敢用之，故用仲月），與節令中的祭祖並非一事。

酒，酹之，完成初獻程序。接下來是亞獻、終獻，亦同於這個順序，終獻結束後，方才完成整個祭祖儀式。

由上所述，我們可以知道，祭祖是整個家族的集體行動，若是沒有對家族極強的向心力，是不可能完成的。而且，從祭前的卜筮吉日、致齋、備饌，可以看出祭祖之禮的莊嚴與慎重。然而，以上所述，是士大夫的家禮，至於一般庶民百姓，其祭祖之禮恐怕就不繁瑣如是。

在祭饌方面，《司馬氏書儀》卷十云：

> 時蔬時果各五品。膾、炙、羹、殽、軒、脯、醢、庶羞、麵食、米
> 食，共不過十五品。

《老學庵筆記》卷七則云：

> 南豐曾氏享先，用節羹、醃鵝、剝粥。建安陳氏享先，用肝串子、
> 豬白割、血羹、肉汁。皆世世守之，富貴不加，貧賤不廢也。

由上可知，祭祖時的祭饌可稱簡單、樸素。尤其難得者，一般士大夫有自我約束的能力，「富貴不加，貧賤不廢」。富貴毋奢，貧賤不流於陋，行事有節度，這也是祭祀中「禮」的精神之所在。

第二節　婚　姻

婚姻是人生中的重要階段，是人倫與社會關係的基礎，中國人向來極為看重，視之為「終身大事」。一般人稱婚禮為「小登科」，因為並不是所有的男子都能夠金榜題名，而結婚卻如中了功名一般，是榮耀與光采的時刻。此時新郎頭戴官帽，新娘鳳冠霞帔，做出只有仕宦人家才可有的妝扮，雖是逾禮，官府也只睜一隻眼，閉一隻眼。平日州縣長官的車駕，人人均須迴避，但如道逢婚禮的隊伍，卻也得讓他們先行，究竟這是一般百姓終身只此一次的大日子。

在北宋時，婚禮的各種儀節習俗頗為繁瑣，除了地域不同，習俗各異外，士大夫與一般平民對禮的講究也有所不同。關於汴京一般平民婚禮儀節，《東京夢華錄》卷五所記最多，另外《司馬氏書儀》卷三、四也有記載。《東京夢華錄》所記多是民間風俗，司馬光所述則偏於禮節制度。本文即以《東京夢華錄》為主，另參考筆記小說中所記有關之婚禮習俗，來敘述北宋汴京一般平民如何處理他們的終身大事。

　　婚禮大致可以分爲婚前、婚時、婚後三個階段來敘述。在中國古代婚姻的禮節有「六禮」：納采、問名、納吉、納徵、請期、親迎。除了親迎之外，均可說是婚前禮。宋代時，問名常併於納采，請期併於納徵，故實僅四禮〔註 8〕。由於古時婚禮講究的是「父母之命，媒妁之言」，而男子與女子間等閒亦無從見面，故而媒人遂在婚禮中占了極重要的地位。在北宋汴京，媒人均是兩人同行（見《東京夢華錄》卷五「娶婦」），負責在男方與女方間傳遞訊息，溝通彼此的意見。《司馬氏書儀》云：「必先使媒氏往來通言，俟女氏許之，然後遣使者納采。」所謂納采，是由男家子弟執生雁，飾以繢，爲贄致于女家。之所以用雁，是取雁「順陰陽往來之義」。要是沒有生雁，可用木頭刻的來代替。女方要接下了贄物，才有下文。隨即女方以「草帖子」托媒人轉致男方，「草帖子」上寫明女子之三代、生辰以及預備的嫁妝〔註9〕。男方在接獲「草帖子」，卜得吉兆後，方回帖予女方，女方亦卜得吉兆後，雙方再交換「細帖子」。這就是正式的庚帖了，「序三代名諱，議親人有服親田產官職之類」（《東京夢華錄》卷五），並以用花、絹裝飾酒瓶的「許口酒」擔送往女家，且在擔上加以裝飾，稱之爲「繳檐（當作擔）紅」。女方在接獲後，即「以淡水二瓶，活魚三五箇，筯一雙，悉送在元（原）酒瓶內」（《東京夢華錄》卷五）回送男方，叫做「回魚筯」。在此之前，有時還須先「相婦」，待男方無意見，才算正式定案。當然，亦有不相婦的。所謂「相婦」，即是男家的親人至女家看新人，若是中意，便將「釵子插冠中」，叫做「插釵子」；若不合意，「即留一兩端綵段，與之壓驚，則此親不諧矣」（《東京夢華錄》卷五「娶婦」）。至此程度方打退堂鼓者，雖不能說沒有，

〔註 8〕　鄧之誠注《東京夢華錄》卷五「娶婦」引《新編事文類聚翰墨全書乙集》卷四云：「婚禮，古有六禮，文公家禮務從簡便。自議婚而下，首曰納采，問名附焉。次曰納幣，請期附焉。次曰親迎。」更簡化成只有納采、納幣、親迎三禮了。

〔註 9〕　事文類聚翰墨全書甲集卷五，有「草帖」之樣式如下（據鄧注《東京夢華錄》引）：

式　正　帖　草　家　男
某某州某縣某官宅或云寄居
二代
曾祖　某　某官
祖　某　某官
父　某　某官
一本宅幾宣教某年某月生
一母姓氏有封號則具
右見議親次
月　　日
草帖

式　正　帖　草　家　女
某某州某縣某官
二代
曾祖　某　某官
祖　某　某官
父　某　某官
一本宅某位幾小娘子某年某月生
一母姓氏
一奩田若干
一奩具若干
右見議親次
月　　日
草帖

如《醴泉筆錄》卷下中就記載了相婦相退後，連累媒人受處罰的事實〔註10〕，但這終究是少數。

　　在雙方交換禮物之後，接下來便是下財禮了。這也就是六禮中的「納徵」，又稱為「納幣」。這是男方正式向女方下聘，此時婚姻已然確定，男女雙方也成親家，故而在這段時間，如逢節日，則男方以應時節物、酒、羊等致送女方，此習南宋時謂之「追節」。而女方則以女工巧作回送。到下聘時，男家並以卜得成婚之吉日，遣使者告女家，此即「請期」。同時開始加緊準備婚禮。直到婚期之前數日，男方再致送女方「催妝冠帔花粉」，女家則回送「公裳花幞頭」，都是結婚時穿戴必備者。婚期前一日，女方派人至男方家「鋪設房臥，謂之鋪房」（《東京夢華錄》卷五），即是佈置新房。據《司馬氏書儀》卷三云：

> 床榻薦席椅卓之類，婿家當具之。氈褥帳幔衾綯之類，女家當具之。
>
> 所張陳者，但氈褥帳幔帷幕之類應用之物，其衣服襪履等不用者，
>
> 皆鎖之篋笥。

可是女家為了誇耀己方妝奩之厚，往往將一應用具，乃至珠寶首飾，盡陳於室中。男家對於女方來人，則有茶酒利市相遺。

　　迎娶當日，即古禮所謂之「親迎」，是整個婚禮中的最高潮。此日男方以花轎或氈車派迎客往迎新人，到了女家後，女家須予迎客綵段，並許以轎夫錢酒，一干人方才肯起身，載著新人回到男家。據《司馬氏書儀》，婚禮原本是不用樂的，但依《東京夢華錄》卷五云「作樂催妝上車」，《清波雜志》卷一亦載宋神宗大婚時，「呂正獻公當國，執議不用樂」。宣仁太后不平，認為「尋常人家娶箇新婦，尚點幾個樂人，如何官家卻不得用」，可知禮雖不用樂，然而一般平民百姓為了增加婚禮的喜慶熱鬧，皆僱有樂人。一行人一路鼓吹作樂，回到男家後，新人尚須以「攔門錢」打發隨行的男方家人方得入門。此時尚有些辟邪趨吉的習俗，如「撒穀豆」，是在新人入男家門前，以斗盛穀豆錢果等物，望門而撒，以避三煞（青羊、烏雞、青牛之神）。在南宋時的吳地，則是「以灰和蛤粉用紅紙作數百包……手不輟擲於道中，名曰護姑粉」（《雞肋編》卷上），其辟邪之意相同，只是汴京用的是錢果，所以孩童每於其後爭拾，至於「護姑粉」恐怕就沒人揀了。同時，新人入門時，不可履地，因此在地上鋪了青布條或氈席，也有以乾草鋪地者，讓新人履之以入。這時還有

〔註10〕《醴泉筆錄》卷下云：「京師風俗，將為婚姻者先相婦。相退者為女氏所告，依條決此婦人。物議云云，以為太甚。」

「一人捧鏡倒行，引新人跨鞍驀草及秤上過」（見《東京夢華錄》卷五），這大概是求平安之意。然後入一室中休息，其室中懸一帳，新入坐於此中，謂之「坐虛帳」。亦有直接入房坐於床上者，則謂之「坐富貴」。在南方吳地，則有由女方親屬「抱以登床」（《雞肋編》卷上）之俗。女家的親人此時飲酒三盞而退，叫做「走送」。諸賓客及主人此時就筵，有「上高坐」之禮，據《歸田錄》卷二云：

> 今之士族，當婚之夕，以兩椅相背，置一馬鞍，反令婿坐其上，飲
> 以三爵，女家遣人三請而後下，乃成婚禮，謂之「上高坐」。

《東京夢華錄》卷五則云：

> 婿具公裳，花勝簇面，於中堂昇一榻，上置椅子，謂之高坐。

新郎且須在上向媒人、舅母或姨母以及丈母娘敬酒後，方才下坐。歐陽修雖在《歸田錄》中認爲此實非禮而深爲感歎，但是當時仍「名儒巨公，衣冠舊族，莫不皆然」，可見其盛行之情況。

新郎下高坐後，即回到新婦所在房中，此時先以綵帛一段，碎裂其下，橫掛於門楣上，等到新郎一入房門，大夥兒則爭扯此帛，稱之爲「利市繳門紅」，討個好采頭。然後由男女雙方各出綵段，挽一個同心結，稱爲「牽巾」，由新郎搭在笏板上〔註11〕，倒行請新婦至家廟前參拜，新婦則將此巾掛於手上，在參拜家廟後，倒行引新郎回房行交拜禮。拜後再行「坐床」。禮官及諸婦女則以金錢綵果「撒帳」。並由男左女右，各以少許頭髮行「合髻」之禮。並互飲一盞「交盃酒」。所謂「交盃酒」，是以綵段將兩酒盃連結傳飲。飲畢，擲盃於床下，擲成一仰一合，則大吉大利。《塵史》卷下述汴都風俗則云：「媒氏祝之，擲盃於地，驗其俯仰，以爲男女多寡之卜，媒即懷之而去」。可爲補充。在汴京，眾賓客於新人飲交盃酒後即掩帳出房，至親好友則仍回堂上飲酒，似無「鬧房」之俗。至於南宋時南方習俗就不同了，據《雞肋編》卷上云：

> 民家女子不用大蓋，放人縱觀，處子則坐於榻上，再適者坐於榻前，
> 其觀者若稱歎美好，雖男子憐撫之，亦喜之而不以爲非也。

南北習俗不同如此，南宋時吳地之俗，已與今日婚禮當夕「鬧洞房」之習頗爲相似了。

以上所述爲婚前與婚時之禮，然結婚究是兩個家族的事，必須得到雙方

〔註11〕男女在行婚禮時，都是身穿官服與命婦之服的，故而男方手持笏板，此對大多數的平民百姓而言，雖有違禮制，但是因爲是婚禮、是特殊情況，故得如此。

家族的認同，婚禮才算完成，女子才算由「成妻」而「成婦」，男子也才算由「成夫」而「成婿」。因此，尚有許多婚後禮，即是在謀求雙方家族的認同，而行完這些禮節，雙方的親屬關係才確定，整個婚禮也才算全部完成。以下就敘述婚後禮。

婚禮次日清晨五更「新婦拜堂」，是將鏡臺鏡子置於桌上，令新婦拜之。接著拜見公婆尊長，並以綵緞精製的鞋、枕做為見面禮，稱之爲「賞賀」，而尊長也以綵帛一匹回送，稱之爲「答賀」。而婿亦往女家拜訪，叫做「拜門」。如果在婚禮次日即去，稱做「復面拜門」。也必須備妥「賞賀」之物前往，而女家亦有「答賀」。若不能在次日拜門，也可以在婚後三日或七日回門時，再前往女家「拜門」。「拜門」畢，女家且須備雇鼓吹樂人送婿返家。

婚後三日，有「煖女」之俗。「煖」字應做「餪」，而俗爲「煖」，是由女家致送男家綵緞和「蜜和油蒸餅」。

婚後七日，新婦回門，女家在送女返回男家時，並贈送大量的綵緞、頭面，稱之爲「洗頭」。等到婚後一月，謂之「滿月」。男女方親屬大會慶祝，在此以後，禮數漸簡，整個婚禮至此也才算全部完成。（以上均見《東京夢華錄》卷五「娶婦」）

上面記錄了整段婚禮的過程，現在就來說明有關婚禮舉行的一些問題：

首先，敘述早婚的現象與溝通雙方意見的議婚之俗。古時中國人一向較爲早婚，這是因爲多子多孫的固有觀念使然，如果順利將孩子養大，又能爲家庭中增加新的勞動力。這對於佔人口絕大部分的中下階層平民來說，是一個極爲現實的誘因，婚嫁年齡乃因此而降低。北宋時亦然，據《司馬氏書儀》卷三云：「男子年十六至三十，女子十四至二十，身及主婚者無期以上喪，皆可成婚。」而宋代法令：男年十五，女年十三以上，並聽婚嫁（亦見《司馬氏書儀》卷三）。可知一般平民於十數歲即完婚，不可謂不早。至於議婚年齡，就更早了，《司馬氏書儀》卷三云：

> 又世俗好於襁褓童幼之時，輕許爲婚，亦有指腹爲婚者。及其既長，
> 或不肖無賴，或身有惡疾，或家貧凍餒，或喪服相仍，或從宦遠方，
> 遂至棄信負約，速獄致訟者多矣。

於此段文字中，說明了當時議婚過早的情形及其各項弊病。而《袁氏世範》卷一「男女不可幼議婚」云：

> 蓋富貴盛衰，更迭不常，男女之賢否，須年長乃可見……或昔富而今

貧，或昔貴而今賤，或所議之婿，流蕩不肖，或所議之女，很戾不檢。

從其前約，則難保家；背其前約，則爲薄義。而爭訟由之以興。

亦說明了早議婚之弊，袁采同時認爲議親要「人物相當」，否則會使「子女終身抱恨」。

其次，敘述媒妁及嫁妝、聘金諸問題。這些常常是婚姻中最易發生糾紛之所在，《袁氏世範》卷一「媒妁之言不可信」云媒人

給女家則曰男富，給男家則曰女美。……給女家則曰男家不求備禮，且助出嫁遣之資。給男家則厚許其所遷之賄，且虛指數目。

宋代並沒有如今日之自由戀愛，因此男女方的外在、內在，乃至家世、資產，只憑媒人之一言。而媒人兩方瞞騙，及至男女兩造成婚，已是後悔莫及。如《江鄰幾雜志》云：

凌景陽都官，與京豪族孫氏成姻；嫌年齒，自減五歲。既交禮，乃知其妻隱十歲。

恐亦是居間的媒人從中弄鬼所致。

男方女方對嫁妝、聘金的要求談不妥，也是糾紛及日後夫妻不合的主要原因之一，也因此會在草帖、細帖上列明奩田、奩具若干，《司馬氏書儀》卷三云：

今世俗之貪鄙者，將娶婦，先問資裝之厚薄。將嫁女，先問聘財之多少。至有立契約云某物若干、某物若干，以求售女者，亦有既嫁而復欺紿負約者。

利令智昏者不論娶媳婦、嫁女兒皆以錢物多寡爲首要考慮，亦無怪司馬光要鄙之爲「驅儈鬻奴賣婢」了。

宋代嫁女尙有媵妾之俗者，如《雞肋編》卷下云：

古所謂媵妾，今世俗西北曰「祗候人」，或云「左右人」……兩浙呼爲「貼身」，或曰「橫床」；江南人云「橫門」。

其中雖未提到汴京，且所述爲南渡後事；然準之北宋，媵妾之風亦可能頗盛，然亦只有大戶人家方有此可能。

以上介紹了有關婚娶的禮俗及一些相關問題，現在便敘述些較不同尋常的婚俗。

據彭乘《墨客揮犀》卷一云：「今人於榜下擇婿，號臠婿」。乃是一些豪門貴族，每於科舉放榜時於榜下擇年少多才者爲女兒婚配。而一般少年擢功

名者，即使心中不願意，但迫於貴勢豪族的壓力，也只好應允婚事，故謂之「臠婿」。這種不正常的強迫式婚姻，竟成為一種風俗，亦足見社會風氣的敗壞。而被選中的少年進士，則由強婚的貴家代表打點其登第後的一應開銷，而有「鋪地錢」、「買門錢」、「繫捉錢」（見《雞肋編》卷中，亦見《萍洲可談》卷一）等名目，後來甚至有錢的富商，也仿貴族此舉，於榜下擇婿。（此所記雖南宋時事，然於北宋時，恐亦如是。）

　　至於男方入贅於女家者，筆記小說諸書所記甚少，《猗覺寮雜記》卷上云：

　　　　世稱贅婿為「布袋」，多不曉其義。如入布袋，氣不得出。

其後又解釋所以「入室婿」謂之「布袋」的原因，原來應該叫做「補代」，因為有女無子的人家，恐怕香煙中絕，故不嫁女而招婿以補其世代。《老學庵筆記》卷二亦載南宋初年郭知運入贅於秦檜之孫女，秦氏自答聘書曰：

　　　　某人東第華宗，南宮妙選。乃肯不卑於作贅，何辭可拒于盟言。

可見贅婚亦做有文書，殆如前述之「細帖子」，且還在其上書明「作贅」，以免反悔。由所見筆記小說雖只云南宋秦檜嘗為此，但料想北宋時習俗，所差必不致太遠。

　　另外，宋代北方尚有「冥婚」之俗，據康與之《昨夢錄》云：

　　　　北俗，男女年當嫁娶，未婚而死者，兩家命媒互求之，謂之「鬼媒
　　　　人」。

此時亦互通家狀、細帖，一如生人，在卜吉之後，並製冥衣，「男冠帶，女裙帔」。然後鬼媒人於男墓前備酒果設祭合婚。且為立二幡代表二人。有時，因男童死去時年歲尚幼，還

　　　　取先生已死者，書其姓名生時以薦之。

以在陰間教育之。對於早夭女童，則「作冥器充保母、使婢」。禮畢，男女家且以幣帛酬贈鬼媒，而鬼媒也在每年打聽鄉里中男女之死者，以為冥婚，而換得些許生活費用。

　　為早夭的童男女行冥婚，除了可以說是死者家人對於死者的憐恤，同時也表現了中國人獨有，泯滅生死界限的特殊人生觀。

第三節　育　子

　　北宋汴京一般人家育子之俗，在《東京夢華錄》卷五有很清楚的記載。

在生孩子當天，娘家用銀盆或是綵畫盆裡面放了粟稈一束，再用錦帕覆蓋，其上並用花草做裝飾，連同用盤盒盛放的饅頭（即今日包子）送往女家，叫作「分痛」。同時還用麵粉作成眠羊、臥鹿，以及初生小兒衣物等必需品亦送去，稱作「催生」。分娩後，鄰人親友並爭以粟米炭醋等日用品送之。生子三日則「落臍炙顋」，七日則稱作「一臘」。據《雞肋編》卷下云：「西北人生子，其儕輩即科其父首，使作會宴客而後已，謂之『捋帽會』。」不知汴京有否此種習俗。生子一月，即大會賓客，做「洗兒會」，據《老學庵筆記》卷二，則嶺南也有在生子三日即「洗兒」的。無論是何時，「洗兒」是一個人來到世上的第一次盛會。《東京夢華錄》卷五中記載了許多「洗兒」的習俗。敘述如下：

> 親賓盛集，煎香湯於盆中，下果子綵錢蔥蒜等，用數丈綵繞之，名曰「圍盆」。

用蔥是欲子聰明，蒜則是能計算。

> 以釵子攪水，謂之「攪盆」。觀者各撒錢於水中，謂之「添盆」。盆中棗子直立者，婦人爭取食之，以爲生男之徵。浴兒畢落胎髮，遍謝坐客，抱牙兒入他人房，謂之「移窠」。

上述是汴京風俗，據《老學庵筆記》卷二引《北戶錄》之記載，南方亦有作「團油飯」者，乃是「以煎魚蝦、雞鵝、豬羊灌腸、蕉子、薑、桂、鹽豉爲之」。至生子百日時，亦設宴會，稱作「百晬」。等到孩子長到周歲生日時，則謂之「周晬」，此時有「試晬」的習俗，乃小兒之大日子，「試晬」又稱「試兒」、「試周」、「抓周」。是以諸般物品，如「果木、飲食、官誥、筆研、算秤」等等，置於兒前，視其所抓之物來占兆其未來，雖不一定準確，但頗饒興味。

　　古時因爲幼童的夭折率極高，故「有子艱育者，多乞他姓」（見《常談》），是將孩子寄養他姓人家。或是呼小兒以賤名，冀其能避過諸般劫難而長成。如歐陽修鄙惡佛教，遂將兒子取小名「僧哥」，人問其故，且曰：「人家小兒要易長，往往以賤物爲小名，如狗羊犬馬之類是也」（見於《說郛》弓三十四下《捫掌錄》）可以爲証。此種習俗由來已久，倒非宋人肇之。

　　以上所述關於生子的各種習俗，恐怕只有在汴京的中上階層人家方才行之，家中貧困者，多了一口人即多了不少的負擔，若遇凶年，大人尚吃不飽，何暇顧及孩童？是以棄嬰、殺嬰之事所在多有，幾至無代無之，又豈能大肆慶賀，《東京夢華錄》卷五「育子」中所記的諸般習俗，恐怕也只有中上階層以上的家庭，才有心情慶祝，他們的孩子，才有福氣享受。

第四節　喪　葬

　　喪葬之事在人生歷程中是僅次於婚姻的一件大事。對於這人生過程的最後一站，自古以來的中國人們就極為重視。從殷商時期墓葬的出土，可知早自其時，就已有一套完整而講究的制度。至於文獻上的記載，則在春秋、戰國時代，儒家學者自重新架構道德的著眼點整理、補足了一套儀式繁複的喪葬制度，而保存在《禮記》之中。這套制度，自人初終的「屬纊」至死後三日的「大殮」、三月的安葬，一直到服喪三年當中，大大小小的喪葬、祭奠儀式，都有非常詳盡的記載。然而，這套儀式很可能只是一套理想化的儀式，因為它太繁複，所延續的時間也太久，這連一般儒家的士大夫都不一定能做得到，更何況平常的老百姓。因此孔子的弟子宰我就已經對此提出不滿，認為三年之喪曠日持久，只要一年就行了。而這套禮制在後代也受到一再的修正，官有官修禮制，私人也有私人的禮儀。不過，儘管這套葬禮制度的施行受到了考驗，但其中所亟欲表達的「慎終追遠」的觀念，卻深入了人心。即使一般平民百姓不守三年之喪，或未行這套喪葬之儀，然哀戚之情與悼念死者之心，卻是絲毫不減。後世儘管有不合於儒家禮法的葬法與喪儀，也只是表達方式的不同而已。

　　如果說儒家思想是中國人喪祭之儀的主流，那麼佛、道思想該是最大的支流了。比方在人死後七七四十九日內，分七階段作種種功德，就是佛家輪迴觀念進入葬儀的例子。而喪葬儀式中的卜地、筮日，則顯然受到了道教陰陽五行觀念的影響。再如祭奠之用香、燭，亦是受佛、道習俗的影響。

　　北宋時民間的喪葬禮俗，受到了儒、道、釋三教的影響，而有三教合流的情形。而一般士大夫，如司馬光，也有私家喪禮儀世，士大夫的家禮，則是以維護儒家的固有傳統，為主要前提，因此雖已做簡化，卻仍嫌繁複，而未必為人民所採行。本節因以民間喪葬禮俗為主，故不擬對私家葬儀（如《司馬氏書儀》所述禮制）乃至官制葬儀（具見《宋史》「禮志」）做說明，而將敘述重點置於一般民間的喪葬之俗，以上二者，僅在必要時略及之。

　　《司馬氏書儀》一書雖然是以記述禮制為主，但卻也記錄了不少當時的風俗，本文所述，多有出於此者。據司馬光於是書卷五「沐浴、飯含、襲」注云：古禮中人終於地，沐浴時方遷屍體於床，若在夏天，還在床下置冰或水以隔熱。但「今人既死，乃臥屍於地」，可知宋代習俗與古禮恰相反。而在停靈時，宋人有置「魂帛」之俗，所謂「魂帛」，是以白絹為之，意同「神主」，

即今日之「牌位」。《司馬氏書儀》云「世俗或用冠帽衣屐裝飾如人狀」，置之於椅上，並在椅前桌子上設香爐酒果，奉事之如生時。同時，宋人又有以死者生前的畫像置於「魂帛」後，更增思念之情者。這通常是在人死後，由畫工圖其容貌，故而司馬光以爲非禮。若是親死，子弟不在側時，則在聞喪後，奔喪返鄉。在奔喪之前，未動身時，則置椅子一張來代替尸柩，並在其前後左右設哭位，其祭奠一如尸柩然。

　　前面已敍述過，佛教的盛行，影響了中國的喪葬習俗。北宋時，雖然佛教傳入已近千年，也深深影響了民間的葬儀，然而政府與一般的士大夫，卻惟恐如此一來動搖了儒教的根本，紛紛起而衛道。如《燕翼詒謀錄》卷三云：

> 喪家命僧道誦經，設齋作醮作佛事，曰「資冥福」也。出葬用以導引，此何義耶？至於鐃鈸，乃胡樂也，胡俗燕樂則擊之，而可用於喪柩乎？世俗無知，至用鼓吹作樂，又何忍也。

《司馬氏書儀》卷五「魂帛」亦云：

> 世俗信浮屠誑誘，於始死及七七日、百日、期年、再期、除喪、飯僧、設道場、或作水陸大會、寫經造像、修建塔廟。〔註12〕

俞文豹《吹劍四錄》亦引程伊川云：

> 吾家治喪，不用浮屠，蓋道場鐃鈸，胡人樂也。天竺人見僧必飯之，因作此樂，今用之於喪家，可乎？

俱可以看出士大夫們對於喪葬用佛教習俗的不滿之情，而從上可知，佛教影響喪葬習俗的，在用樂及作功德。是以北宋政府在開寶三年十月，「詔開封府禁止士庶之家喪葬不得用僧道威儀前引」；太平興國六年，「又禁喪葬不得用樂，庶人不得用方相、魌頭」〔註13〕（見《燕翼詒謀錄》卷三，亦見《宋史》卷一二五，然記爲太平興國七年正月）。不過，政府此項禁令，意在防止人民鋪張、僭越，而違於禮制，倒不一定是排斥佛教。然一般人民每每無視於此項禁令，因爲即使犯禁，更代表了生者對死者的一番心意，而官府也不好對這些孝子、喪家治罪。像《司馬氏書儀》記當時「初喪，作樂以娛尸，及殯葬，則以樂導輀車」，這雖違禮，卻未始不是生者的一番心意。然而到了南宋

〔註12〕司馬光的這一段話，在俞文豹的《吹劍四錄》中也引了，不過字句小有差異。

〔註13〕「方相」爲避邪之神像，用於殯葬儀式中。是用紙竹糊成高大的開路神像，爲殯葬隊伍之前驅。「魌頭」是一種形貌醜陋的面具，亦爲避邪驅疫之用，在殯葬隊伍中，通常也舞動之以驅邪。

卻變本加厲，據《吹劍四錄》的記載：

> 至出殯之夕，則美少年長指爪之僧，出弄花鈸花鼓鎚〔註14〕，專以
> 悅婦人掠財物。

則風俗彌下了。一般士大夫雖反對用釋道，可是民間卻已流行於此，其勢之
盛，亦使士大夫不得不從俗。如《吹劍四錄》云「溫公（司馬光）至不信佛，
而有十月齋僧誦經追薦祖考之訓」，因為若非如此，便會被人責怪「薄於親」
了。至於殯葬時以樂導靈車，自宋以後也愈加普遍，演變成新俗。

在殯葬時，宋代通常以轝舉柩，這和古禮以車不同。同時，並用鉦鼓以
節轝夫之行止。據《東京夢華錄》卷三：「若凶事之殯，自上而下，凶肆各有
體例。如方相車轝，結絡采帛，皆有定價。」除了租用辦喪事所用物品外，
且有租孝服與僱用代哭送終者之事，如《塵史》卷下云：

> 喪事貧不能具服，則賃以衣之。家人之寡者，當其送終，即假倩媼
> 婦，使服其服，同哭諸途，聲甚淒惋，仍時自言曰：非預我事。

可以為証。

祭奠逝者時，喪家多燒化紙錢，而前往祭弔的賓客，也「皆送紙錢贈作，
諸為物焚為灰燼」（《司馬氏書儀》卷五，然《吹劍四錄》引作「送紙錢紙繒
諸偽物，焚為灰燼」，並存之）。司馬光遂認為此種做法無益於生人，還不如
送金帛錢物。同時，停靈所在，還用竹竿懸掛旗旐，冀死者之魂能認此以歸
（見《雲麓漫鈔》卷四）。

依中國古禮的要求，在居喪時是有許多限制的，如必須穿粗布衣服、食
粗食，不飲酒、沐浴、修面，且要停止一切的娛樂。在生活的一切細節上都
回到最粗陋、原始的狀況中，藉以表達對死者的哀思之情。然而，在每一個
朝代，卻總有人會打破這種「禮」的限制。人們對禮法的崇畏、對親人的思
慕，終究難敵自己內心的欲望，宋人亦是如此。據《司馬氏書儀》卷六云：

> 今之士大夫，居喪食肉飲酒，無異平日。又相從宴集，靦然無愧，
> 人亦恬不為怪……鄙野之人，或初喪未斂，親賓則齎酒饌往勞之，
> 主人亦自備酒饌，相與飲啜，醉飽連日。及葬，亦如之。

知於北宋時，不管是士大夫還是一般百姓，皆未能遵守古禮，在居喪期間不

〔註14〕「花鼓鎚」又作「花鼓棒」，據元代李有《古杭雜記》云於喪家作佛事時，有
和尚弄「花鼓棒」。且云：「花鼓棒者，謂每舉法樂，則一僧三、四鼓棒在手，
輪轉拋弄，諸婦人競觀之以為樂。」

食肉飲酒。司馬光因謂此爲「禮俗之壞」，而從更寬廣的角度看，這則表示了習俗的變遷。其它如作樂娛尸，「乘喪即嫁娶」，亦皆不合於禮制，而爲遵守古禮，亟欲維護道統的儒教士大夫所斥責。然而習俗的產生，必有其一定的時代、社會因素，時間一久，也未必不成爲另一種新禮俗之濫觴。

　　宋人對喪禮安葬，是十分愼重的，故而棺木求其厚大〔註15〕，其大者「停之中寢，人立兩邊不相見者」，因此枯木店稱此棺曰「布漆山」（見《清異錄》卷四）。同時，更注重葬日與墓地的選擇，據《司馬氏書儀》卷七記載了下葬之日須經卜筮或杯珓來決定；又記載了當時人們在擇地下葬時，尚須找地理師看風水。「既擇年月日時，又擇山水形勢。以爲子孫貧富貴賤、賢愚壽夭，盡繫於此」，可見當時風氣。有時，因爲各方所言吉凶不同，而延遲了下葬時間，「至有終身不葬，或累世不葬，或子孫衰替，忘失處所，遂弁捐不葬者」。欲求理想葬地竟導致不葬，誠爲極大諷刺。

　　棺柩因上述原因，或家貧、或途遠，未能安葬或歸葬時，當然不能常時停厝於生人所居之屋內，通常是安厝於攢堂（即靈堂）或僧寺〔註16〕。然而，有時因歿於客鄉，歸葬不易，因此而「子孫火焚其柩，收爐歸葬者」，這就是火葬了，火葬是佛教的葬俗，這種觀念和儒家傳統思想大大衝突，因此每爲歷朝政府所禁止，並爲士大夫們所大加撻伐。可是，一般平民百姓因爲家貧無以治喪葬或墓地難求，不得不出此下策。因此，政府只好廣設義塚，解決人民的喪葬問題。在下葬時，民間還有「買地券」之風，《清異錄》卷四云：

　　　　葬家聽術士說例，用朱書鐵券，若人家契帖，標四界及主名。

可是到了南宋，則改用梓木爲材料，朱書「用錢九萬九千九百九十九貫文買到某地」。雖然無稽可笑，卻也再一次表現了中國人特殊的生命觀。

　　關於墳墓的型製，據《清異錄》卷四云：

　　　　一如平頂炊餅，一如倒合水桶，上作銅鑼形，亦有更用一重磚甃者，
　　　　或刻鎭物象，名「墓衣」。

〔註15〕據《吹劍四錄》引司馬光云：「俗以棺木厚而大爲美，不知厚則重，重則難以
　　　　致遠，難以下壙。大則壙須寬，寬則易壞。又盧簷則占地步，而高足則下盧，
　　　　不若四直樣爲利多。」雖具言棺木厚大之失，卻也能見出當時風習，乃以棺
　　　　木之厚、重、大、盧簷、高足爲尚。

〔註16〕據《雞肋編》卷上之記載，云南方之俗有異。因須卜葬日、求墓地，又「惜
　　　　殯攢之費」，故此「多停柩其家」，甚且還將死者棺木當成几案，堆放雜物於
　　　　其上。這同時也能見出其於喪家中停厝之久。

此所述當爲一般平民之墳墓，可知已頗爲講究。

　　大體說來，宋代民間對於喪葬是頗爲注重的，他們在大原則上，是抱持了儒家「愼終追遠」的觀念，同時他們又受佛教的影響，爲死去的親人請僧人作法事，求功德、薦冥福。引用道家陰陽五行的觀念，延請地理師求得佳城，以福蔭後代子孫，有時爲此甚至不惜遷葬。在在表現了對喪葬的重視，也因此留下了不少的習俗。然而禮制的僵化、不合時宜，新俗舊禮的衝突，辦喪事時的鋪張、浪費，而至破家蕩產，都是從宋人喪葬習俗中所衍生出來的問題，同樣的問題並困擾了每一個時代。事實上，禮的內涵在於「合宜」，發之內心才是最重要的，這或才是解決問題癥結所在。

第五節　其它禮尚

　　祭祀、婚、喪，是人生的大禮，筆記小說中於此之記載亦不少。至於生活中其它的禮俗，就不多見了。像是作壽、搬新家等，這些在日常生活中的來往應酬，則多是宴聚一番。父母在，則無作壽之習。作壽時，前一日即有客來宴聚，謂之「暖壽」，又《東軒筆錄》卷十云：

> 王荊公爲相，每生日，朝士獻詩頌，僧道獻功德疏以爲壽，輿皂走
>
> 辛皆籠雀鴿，就宅放之，謂之「放生」。

雖然是達官貴人才得如此，但亦可略見當時人作壽之俗。據《清波別志》卷中載：「里巷間有遷居者，鄰里釀金治具過之，名『暖屋』。」此習今日尚存。中國人好以宴飲來聯絡感情，除上述之作壽、暖屋外，如士人初登第，也須作宴，謂之「燒尾宴」（見《孔氏談苑》卷五）。久茹素之人要開戒食葷之時，亦須設酒餚爲宴，謂之「開葷」。（見《野客叢書》卷二十二）。食是人生中的大事，在中國人的生活中，更有其打通人際關係的潤滑作用，故而生活上應酬來往之禮，也多藉著「食」來表達。從宋人的文集和筆記中，可以看出在汴京的士大夫往來飲宴十分頻繁，彼此間時常互相拜訪，《南窗紀談》云：「客至則設茶，欲去則設湯」當亦是北宋習俗。上層的士大夫，其往來宴飲往往通宵達旦，如《事林廣記》載宋景文宴客，「設數重幃幕，環遶其外。內列寶炬薰爐，百味珍羞，水陸畢備，燕趙歌舞，侏優百戲，相繼於前」，時人稱之爲「不曉天」。當然，也有士大夫以儉約爲事，如《避暑錄話》卷上云司馬光宴客「相約酒行果實食品，皆不得過五」。然無論奢儉，均不能去此類應酬，

亦足見其於斯時士人生活所佔之分量了。

　　以上敘述了生活中的各項禮儀與習俗。然而，值得注意的是，禮是在衣豐食足之後，對生活更進一步、更精緻的要求。貧窮人家許多地方因陋就簡，不講究禮，並不是他們不注重，而是實在沒這個條件。因此，相較於「禮」，恐怕也只有「習俗」才是一般人民生活的重心所在了。

第八章　汴京人民的信仰

　　「信仰」是人類心靈的支柱，可以有具普遍性的宗教信仰和屬地區性的神明崇拜二種〔註1〕。它們是人們精神的寄託，在中國或許沒有像西方那種對宗教的狂熱，可是自古以來，宗教以及各類民間信仰，依然構成了人們精神生活的最主要部份。本文在此，乃就汴京一地寺觀廟宇的記載，推知北宋汴京之民間信仰，並略述其流傳。又以信仰本不可囿之一地一時，故於必要時，亦及於他時他地。以下，即分宗教與神明崇拜兩部份來探討之。

第一節　宗　教

　　在中國，影響力最大的宗教當是西來的佛教與本土的道教了。北宋時，佛、道的發展到達一個新的高峰，據《泊宅編》卷十記錄熙寧末「天下寺觀宮院四萬六百十三所，內在京九百十三所。僧尼道士女冠二十五萬一千七百八十五人，內在京一萬三千六百六十四人。」由此比例可知，此時汴京每一寺觀平均有僧道達二百七十六人。至宣和時，天下僧道竟「逾百萬數」（《燕翼詒謀錄》卷五）〔註2〕，可見斯時盛況。以下本文即就當時宗教政策及民間

〔註1〕宗教信仰通常具有一定的規約、教義，並有一個最後的宗旨，來吸引徒眾爲此宗旨、理想而奉獻，是較具普遍性而不會被地域所限制者。神明崇拜則只是人們視靈應與否而決定崇不崇拜，是較屬於地域性，且爲較「現實」的一種信仰。

〔註2〕《泊宅編》卷十與《燕翼詒謀錄》卷五所記僧道數目相差太遠，雖然相隔近五十年，恐亦不至於有七十五萬人的差別。若參考《宋朝事實》所云眞宗時天下僧尼數「僧三十九萬七千六百一十五人，尼六萬一千二百三十九人」。則《泊宅編》所記可能是太少了。

信仰之情況，分別敘述之。

一、佛　教

　　佛教自漢代傳入中國以來，就未嘗停止其本身的調整，以求能適應於中國〔註3〕；包括上自統治者，下至一般平民，他們的喜好、習慣、風俗等等。然而，在本土化的過程中，雙方因為習慣、觀念等的不同，而發生格格不入導致難以協調的例子，仍是不勝枚舉的。直到唐宋，雖然佛教傳入中國已數百年近千年之久，然在此段期間內，仍有像「三武之禍」這樣政治上旳壓制；至於一般傳統的士大夫，也認為佛教傳自夷狄，而對它心存鄙視。據《鐵圍山叢談》卷五之記載，宋太祖即位之初，亦嘗有意廢佛教。而如歐陽修、司馬光等士大夫，也對佛教不存好感。雖然如此，佛教卻已進入了民間，進而深深影響了一般人民的思想、觀念，甚至改變了他們的風俗習慣。士大夫儘管於民族情感、道德傳統上反對佛教，卻也在思想習慣方面受其影響而不自覺；如理學家就引用了佛家的概念，以及前述喪葬部份敘述佛教進入中國葬俗，即為最好的例子。此外，宋代以正月、五月、九月不行死刑，禁屠殺，仕宦者不上任視事（見《雞肋編》卷上、《能改齋漫錄》卷二），而民間也以每月一日、八日、十四日、十五日、十八日、二十三日、二十四日、二十八日、二十九日、三十日不食肉，稱之為「十齋」（見《賓退錄》卷三）。這些都出自於佛教，亦可見其影響力之巨大了。

　　《孔氏談苑》卷二云：「景德中，天下二萬五千寺，今二萬九千寺」。景德為真宗年號，「今」當是神宗或哲宗、徽宗時。《宋朝事實》卷七亦云真宗天禧末「天下僧三十九萬七千六百一十五人，尼六萬一千二百三十九人。由上述記載可知斯時全國佛寺之多，僧侶之眾。而居全國最大都市的汴京，其佛寺與僧尼數亦必可觀。身為僧尼，可免傜役，又無須耕織。所以遊手好閑或無法安身立命者，往往混跡其中，造成僧尼人口的暴增。因此，王禹偁上真宗云：「自佛教入中國，度人修寺，不耕不蠶，而具衣食，是五民（第五民指兵）之外又一民也。」（《楓窗小牘》卷上引）僧尼們不曾參預生產活動，卻要分享他人生產之所得，使得當時士人大為不滿。而政府為了要控制僧尼的數目，還立度牒發給以管理之。據《燕翼詒謀錄》卷三云：

〔註3〕於佛教初傳入中國時，即曾假道家之面目以利其傳播。

> 自昔歲度僧道惟試經，且因寺之大小立額，如進士應舉。然雖奸猾
> 多竄身其中，而庸蠹之甚者無所容。自朝廷立價鬻度牒，而僕廁下
> 流皆得為之，不勝其濫矣。

可知在宋初時，宋太宗以僧尼數多為濫，故用考佛經的方法來發給僧尼度牒。
又據《宋朝事實》卷七：

> 天聖三年，判都省馬亮上言……請除每歲合度人外，非時更不度人。
> 仍自今無得收曾犯刑及文身者。

則知宋初要取得一張度牒，並不是那麼容易。同時據《能改齋漫錄》卷二的記載，僧尼出遊尋師，還必須州府給予公驗。然而，到了神宗熙寧元年七月，度牒「始出賣於民間」（《燕翼詒謀錄》卷五）。則此時任何人只要能湊得出度牒錢，就可去買，如同買到了長期飯票而為僧，當時甚至還有以度牒買賣牟利者。信仰淪落至此，也難免遭到士大夫們的唾罵了。而北宋政府也非沒有相應對的措施，如《燕翼詒謀錄》卷五記載，除了對每年度牒數額作限制之外，當度牒過濫時，則停止買賣度牒，並且追毀在民間的度牒。這樣雖然能夠控制住僧尼度牒的數目，可是對於僧尼素質並不能掌握，也無法有效管理，有時甚至造成治安上的漏洞，故《燕翼詒謀錄》卷三乃云「奸猾多竄身其中」，《宋朝事實》卷七亦云其「間或為盜，而民頗患之」了。

由上所述，可以看出，北宋政府對於僧尼道士等出家人，雖欲納入管理，卻是力有未逮。而北宋時的出家人，也確有行止不端者，如《清異錄》卷一就記載了宋初相國寺星辰院的僧人澄暉「以艷娼為妻」。《畫墁錄》卷一則記載了「相國寺燒朱院，舊日有僧善庖炙，豬肉尤佳」。《燕翼詒謀錄》卷二亦云當時「僧戒壇中，公然招誘新尼受戒」，這是宋初法令所禁止的，然取締不嚴，致有奸事。僧尼出家，原要拋棄俗務，卻不料仍在欲望名利中打轉，清規之不守，猶屬小事。如此，則作奸犯科、殺人劫財，亦不足怪了。北宋政府對佛教雖然並不鼓勵，但是也無有效方法加以管理，這或是導致上述種種「變相」的原因。

至於在民間方面，對於佛教倒是極為崇奉。這可以從宋代以後七月十五日盂蘭盆節的日漸重要，逐漸成為一年中之大節的情況看出。另外，前述之喪葬習俗受佛教之影響，亦可以為証。可知，民間早已接受了佛教，並在歲時節日與生活習俗上受其影響，從好的方面來說，佛家教人為善，正與傳統儒家的道德觀相融合。然而奸猾犯惡者亦以此為庇身所，兼以全國僧徒數十

萬眾，其大多數之衣食日用均賴人供給，故當時有謂其爲「民蠹」者。這也是佛教所以爲人詬病之因了。

二、道　教

北宋政府對道教備加寵渥，這可以從歷代皇帝大建宮觀、優禮道士看出。因此，北宋可說是道教的黃金時代。然而，統治者常是利用宗教製造神話，來達到政治上的目的。不過，不論其動機爲何，道教的發展在北宋到達了一個新的高峰，則是事實。

從宋初，北宋的各代皇帝與道教間的關係就很融洽，如道士陳摶，就與宋太祖、太宗是好朋友。據野史小說家的記載，陳摶與太祖賭棋，結果太祖把一座華山給輸了去。此事雖出之稗官，但可見出統治者對道教優禮之情。太祖在建隆初年，並重修閶闔門外周世宗所建的太清觀，而改名「建隆觀」（見《宋朝事實》卷七）。到了宋太宗，則於太平興國中在汴京的蘇村建東太一宮，（此見《石林燕語》卷三）。端拱初年，又在新宋門內街北太宗之舊邸建上清宮（見《鐵圍山叢談》卷二及《儒林公議》卷上）。首開宋代興建大型道觀之例。

太宗之後的眞宗，興崇道教，然而其尊奉道教，卻是有其政治目的，意在假借天降祥瑞的神話來愚民、鎮服四方。如他詭稱天書降，而改元「大中祥符」。《容齋五筆》卷一「天慶諸節」云：

大中祥符之世，諛佞之臣，造爲司命天尊下降及天書等事，於是降聖、天慶、天祺、天貺諸節並興。

《容齋三筆》卷十三則云：

國朝祥符，奸臣導諛，爲玉清昭應、會靈、祥源諸宮，議者固以崇侈勞費爲戒。〔註4〕

此時道教大盛，而眞宗又尊九天司命天尊爲「聖祖天尊大帝」，且在京師與各州均置建「天慶觀」以奉祀之。眞宗大建宮觀，導致了有識者的非議。其中的玉清昭應宮，更閎麗非常，是丁謂督工匠日夜趕工七年而完成的，其耗費

〔註4〕據《汴京遺蹟志》引《宋朝會要》云：「醴泉觀本拱聖營地也。天禧二年閏四月詔拱聖營醴泉所宜立觀，以祥源爲名。仁宗時，觀火，既重建，改名曰醴泉，東水門裡亦有醴泉觀，與此不同。」據此，則祥源觀當建於天禧二年，而非祥符中。

民脂民膏，亦最爲可觀。總之，眞宗假說天尊下降、天書降、醴泉出等祥瑞之應，又奉祀天尊及大造宮觀，立降聖、天慶、天祺、天貺諸節。這些只有一個目的，即「神化」其統治，鞏固其政治基礎，而這一連串的作爲，卻也連帶使道教意外地得到壯大的機會。

　　眞宗之後，仁宗天聖六年建西太一宮。天聖七年，落成未及二十年的玉清昭應宮焚毀，僅餘長生、崇壽二小殿，遂併之，改稱萬壽觀（見《燕翼詒謀錄》卷二）。此外，又重建亦遭焚毀的祥源、會靈二觀，改曰醴泉、集禧觀。神宗熙寧五年，建中太一宮。哲宗元祐時，重建仁宗慶曆三年焚毀的上清宮，並改名上清儲祥宮。

　　徽宗時是宋代道教發展的極盛期。徽宗佞道，甚且自稱爲「教主道君皇帝」，又大興宮觀。《鐵圍山叢談》卷五云其時：

　　天子方嚮道家流事，尊禮方士，都邑宮觀因寖增崇侈。於是人人爭窮土木，飾台榭，爲游觀露台曲檻，華僭宮掖，入者迷人。

此時所建宮觀無論數量與規模均遠邁前代，足見斯時道風之盛。其中最著者，如政和五年所建之上清寶籙宮，孔偁《宣靖妖化錄》稱其「極土木之盛，燦金碧之輝，巍殿傑閣，瑤室修廊，爲諸宮之魁」。又如玉清神霄宮、九成宮、寶成宮、迎眞宮、龍德宮等大大小小的宮觀，或新營，或改建，在汴京各處聳立起來。同時，因爲徽宗倡興道教，遂使得佛教受到了不小的壓制。像政和時在各地建神霄玉清萬壽宮，本來只是就各地原有宮觀改建，如在汴京即是以萬壽觀改建之。然據《老學庵筆記》卷九云：

　　若州城無宮觀，即改僧寺。俄又不用宮觀，止改僧俗。初通撥賜產千畝，已而豪奪無涯。

如此一來，不僅佛教徒受盡了壓迫；即是一般百姓，也要對政府損眾民以奉道流的作法，深感不滿了。至於在徽宗尊禮道士方面，《曲洧舊聞》卷六云：

　　政和以後，黃冠寖盛，眷待隆渥，出入禁掖，無敢誰何。號「金門羽客」。

眾多道士中以林靈素最爲徽宗所寵信。前述之改各地寺院以建神霄玉清萬壽宮，就是他出的主意（見《可書》）。政府除了賜道流「金門羽客、道士、居士」之號以外，據《鐵圍山叢談》卷三的記載，尚「必錫以塗金銀牌，上有天篆，咸使佩之，以爲外飾。或被異寵，又得金牌焉」，寵優實厚，也無怪乎這些道士、方士如此氣燄囂張了。

道教的規約原本並不像佛教那麼嚴格，道士雖然住在宮觀中，其婚娶生子亦與常人無異，據《燕翼詒謀錄》卷二的記載，在奉教誦經的道士之外，尚有不奉教不誦經，只是假其冠服者，稱爲「寄褐」。這就易生流弊了，因爲一般「游惰無所業者」和「兇歲無所給食者」，皆來「寄褐」，則不僅有失道流清淨之旨，且有可能使宮觀成爲罪惡淵藪。是以在開寶五年閏二月，即下詔禁寄褐，禁道士畜妻孥，如有家屬則速遣出外。又禁私度，必須「本師與本觀知事同詣長吏陳牒，請給公驗，方許披度」（見《宋朝事實》卷七）。同年十月，又對京師的道士進行考試，如有「其學業至而不修飭者」，皆斥之。眞宗大中祥符二年二月，亦下詔不許道士的兄弟、父子、孫姪等親人依之而居道觀。足見宋初法令尚嚴，亦有心將此等方外之士納入管理。只是到了宋徽宗時，徽宗本身沈溺於道流、方士之中，遂使道教徒在北宋末年成爲社會上的特權階級。

道教是中國本土的宗教，它對於一般人民的生活，也有相當的影響。像是一年中的上元、中元、下元這「三元」，就是道教的說法。又如在中國的喪葬、祭祀習俗中，有許多也明顯受到道教的影響（此已見於前，不再贅述）。而在北宋，由於政府的提倡，其在民間必也擁有相當大的勢力。事實上，在民間所崇奉的神明中，有許多就與道教脫離不了關係（本文在此僅做大略敘述，至於對各神之信仰狀況，則在後面再做探討）。而在汴京，敕建宮觀之多，亦可見其興盛程度。因此，若說道教在民間的信仰方面能與佛教分庭抗禮，甚至頗有超越，是不爲過的。

三、祆　教

除了佛、道二教之外，汴京尚有祆教，祆教即是拜火教。據《西溪叢語》卷上引宋敏求《東京記》云：「寧遠坊有祆神廟」，《墨莊漫錄》卷四云：「東京城北有祆廟」，《東京夢華錄》卷三「馬行街鋪席」亦曾提及「馬行北去，舊封丘門外祆廟斜街」。寧遠坊即夷門坊，屬外城之城北左軍廂，是在汴京城的東北。而據《東京夢華錄》卷三「大內西右掖門外街巷」云：「大內西去，右掖門、祆廟」，則在宮城南面右掖門旁的踴路上（位於裡城），亦有一座祆廟。在祆教的信仰狀況上，據《墨莊漫錄》卷四曰：

> 祆神本出西域，與大秦穆護同入中國，俗以火神祠之。京師人畏其威靈，甚重之。

可知信仰祆教者，當不在少數。《墨莊漫錄》於下又記祆廟之廟祝已世襲近二百年之久，且自唐代起，即已立祀於汴了，可知祆教的淵源久遠，根基亦稱深厚了。

第二節　神明崇拜

這裡所謂的「神明崇拜」，是同屬於民間信仰，甚至可以說是民間信仰最重要、也最多采多姿的部份。它的地方色彩極為濃厚，換句話說，這些神明如果換了個地方，可能就不受民眾膜拜了。然而，和一個地區的民眾最息息相關、最親切的，也是這些地方性的神明。

此處所敘述於汴京一地民間所奉的神明，雖以筆記小說中所記錄者為主，然所錄者究屬有限，未能窺全豹。乃又參考《汴京遺蹟志》及《宋東京考》中，於汴京祠廟的記載。以二者成書遠在數百年後，故不免仍有遺漏。本文於此，亦不在對宋汴京的神明崇拜做一鉅細靡遺的搜錄，而是冀由這些文獻記載中，看出北宋時汴京地區民間信仰的大概情況。

要將民間信奉的神明，加以分類，是相當困難的，因為信仰的構成因素即有許多，它可以源於畏懼、習俗、迷信、紀念等許多可能，所崇拜的對象也有從自然物、動物至歷史人物的差別。而所崇拜的神明彼此之間，乃至神明與人的關係間，也都是錯綜複雜，再加上信仰經過了時代的演變，更難以做出明確而又面面俱到的分類。本文在此則分道教神、人神、行業神、自然神及邪神等五部份述之，至於不詳所祀者則置於最後，俟之來日再予考之。而所分類間，有互相關涉者，恐亦難免。現在即敘述如下：

一、道教神

此類神明大多是較有名且具有普遍性的神。亦即同樣的信仰不獨見於汴京，他處亦有者。敘述時則分別於廟名下列述其所在及信仰源流、事蹟等。

（一）五嶽觀：據《東京夢華錄》卷二之記載，觀有二，在南薰門裡御街之東西，奉五嶽之神，《夢華錄》稱其「最為雄壯」，北宋皇帝於每年正月十四日幸此，至清明日則開放供萬民燒香遊觀。觀內有凝祥池，有橋亭臺榭之勝。

（二）泰山廟：據《東京夢華錄》卷二的記載，廟在汴京城東舊曹門外。

此廟祀泰山之神，稱泰山府君、東嶽大帝，宋眞宗時詔封爲東嶽天齊仁聖王。古來民間即有東嶽主冥之說，因此人們對於泰山之神十分崇奉，也因而祀奉泰山神的廟宇各地均有，不只限於泰山一地。

（三）東嶽張太尉祠：此廟爲東嶽大帝之屬神，《汴京遺蹟志》及《宋東京考》均有錄，據《事物紀原》卷七云廟立於熙寧間，位於城外東南隅，元豐中又封嘉應侯之號，故又稱「嘉應侯祠」。由於泰山之神在民間是大神，其屬下眾多，張太尉即其一，其名已佚，只知爲淮陰人，世稱張舍人，熙寧間立張太尉祠後遂進爲太尉，元豐間再進爲侯，主陰府要職。

（四）許眞君祠：《汴京遺蹟志》及《宋東京考》均有錄，廟在上清儲祥宮內，又稱「許旌陽祠」。相傳其神名許遜，西晉人，曾爲旌陽令，爲道家四大天師之一。徽宗政和二年賜號神功妙濟眞君。因祠中以其遺詩一百二十首作成詩籤，供人抽取，以決休咎，故又名「聖籤祠」。

（五）眞武祠：祠之所在即眞宗天禧以後的祥源觀，位於繁台東南。開寶初年因有人在此見龜蛇而建。眞武祠奉眞武大帝，本稱之玄武，但宋眞宗爲了避聖祖趙玄朗諱而改名眞武。此神亦道教之大神，龜、蛇爲其形像，故宋初見之，即爲建祠以祀。眞宗天禧二年建祥源觀後合併此祠。天禧六年加「眞武靈應眞君」的封號，欽宗靖康元年又加號爲「佑聖助順眞武靈應眞君」。眞武爲鎮守北天的天神，素爲民間所信奉，也是香火鼎盛的大神。

（六）三尸廟：據《東京夢華錄》卷三云，此廟在城東保康門外。祀三尸神，因道教謂人身上有三尸神，常在庚申日時，上天告本人的狀而減壽算，故而人們在庚申日守夜，稱「守三尸」，又建廟以拜祀之。

（七）葛將軍廟：《邵氏聞見前錄》卷二記載了仁宗在至和間曾昏迷了三日，夢見了神人葛將軍，因此爲之立廟於京師，然不知廟址何處。葛將軍已佚其名，是守天門的三將軍之一（另二者爲爲唐姓、周姓），《汴京遺蹟志》、《宋東京考》均無載，亦未見於其它筆記，恐係較爲「冷門」之神。

（八）崔府君廟：《汴京遺蹟志》及《宋東京考》均有錄，在汴京城北，據《事物紀原》卷七云「本廟在磁州，淳化中民於此置廟」，至道二年賜名「護國」，景祐二年，封「護國顯應公」。崔府君名珏（一名瑗），生前官唐滏陽令。民間或稱之「顯應公」，主幽冥之事。此廟宋時極盛，《東京夢華錄》卷八云：

> 六月六日，州北崔府君生日，多有獻送，無盛如此。

南宋時又以泥馬渡康王之神話，使此神信仰更加穩固。

以上所述，爲道教諸神的信仰。

二、人　神

此類神明大多數是由歷史人物所轉換而來，人們基於紀念的心情信奉之，是較屬於地區性的神。而人神之崇拜實多，此處殆其大要，述宋代所流行者。

（一）城隍、土地：城隍以及土地（或社公）可說是民間的保護神，城隍的等級尙高出土地，二者都是與人民關係較密切、較親近的神。據《賓退錄》卷九云城隍，「東京號靈護廟，初封廣祐公，後進祐聖王，大內別有城隍，初封昭睍侯，後進爵爲公」。每一地區通常只有一位城隍，但卻有許多土地爺。汴京著名的土地廟，見於記載者爲「皮場公廟」，皮場公即皮場土地，廟在汴京城東北隅，徽宗靖國元年封「靈應侯」，據《燕翼詒謀錄》卷四云，此廟「主瘍疾之不治者」。《夷堅甲志》卷五則云徽宗時，此廟「頗爲靈應，都人日夜捐施金帛」，又言席旦死而爲皮場大王。《夷堅乙志》卷六也記載了皮場廟神「歲滿必遷」，一如人世官場。都人以陽間地方官吏死後，賢者仍照管此地，亦見祈應之切。皮場公廟可能是汴京最著名也最靈驗的土地了。又據《道山清話》云，於尙書省附近「有土地廟，相傳爲大將軍廟」，此一土地則姓王，爲漢大將軍，亦是「靈應如響」。

（二）二郎神廟〔註5〕：據《東京夢華錄》卷八云，此廟在城西萬勝門外一里許。《事物紀原》卷七云京師此廟立於元豐時，並封「靈惠侯」。又敕賜「神保觀」之名。按《東京夢華錄》的記載，亦爲汴京香火極盛的神明之一。每年六月二十四日二郎神生日時，政府與民間均獻送各種物品，又在廟前殿露台上作雜劇、百戲，每每引得都人圍觀。

（三）武成王廟：據《東京夢華錄》卷二云，此廟位於南薰門裡龍津橋南御道之西，所祀爲姜太公，並附祀歷代名將。此與祀奉孔子的文宣王廟一樣，是國家仲春、仲秋祭祀之所在，而於一般百姓，恐無多大關係。

（四）單將軍廟〔註6〕：據《東京夢華錄》卷二之記載，廟在城東舊曹門

〔註5〕二郎神相傳是秦代四川地方治水功臣李冰的二兒子。於蜀中灌口有二郎廟。此神之崇奉，自宋以來大盛，其廟亦自斯時起遍佈各地。

〔註6〕單雄信爲隋末起事群雄之一，初與李密共起抗隋，爲李密大將，後李密敗，遂降王世充。李世民討平王世充後，斬之於洛渚上。其傳附於《新唐書》卷八四李密傳中。

裡潘樓街南，為單雄信墓。都人為立廟祀之。

（五）吳起廟：據《東京夢華錄》卷三之記載，廟在宮城南尚書省西門、開封府後附近。為紀念性的祠廟。

（六）德安公廟：據《東京夢華錄》卷三之記載，廟在城東保康門外、三尸廟旁。據《宋東京考》云，此廟所祀，即夷門山之神。也是個地方性的神祇。真宗景德四年時，始封「德安公」，並修葺其廟。

三、行業神

此處所記的一些神明信仰，是類似於各行業的守護神，多係人而為神。行神之起，早在宋以前，數繁難以舉述，故但舉宋人筆記中所記者，以見其大要。

（一）皋陶廟〔註7〕：據《泊宅編》卷四的記載，宋代每一州縣都立有皋陶廟，由獄吏以時祀之。又據《宋東京考》，祥符縣獄中即有皋陶廟，未知是否即宋時所立者。

（二）倉王廟及不動尊佛：在汴京北方，《宋東京考》云「在新鄭門外金水河側」。據《東京夢華錄》的記載，汴京人在上元過後及重陽等春秋佳日，常來此處遊玩宴聚。此廟所祀者為倉頡。《石林燕語》卷五云：「京師百司胥吏，每至秋，必醵錢為賽神會。」奉祀的就是倉頡，因為其造字，故「胥吏祖之」。同書亦載京中官吏在官局正門中間「用小龕供佛，曰不動尊佛」這是因為官吏畏懼罷斥，故祀之。上述之倉王與不動尊佛，均為一般小官吏的守護神。

（三）二相廟及桂香祠：據《夷堅乙志》卷十九的記載，此廟在「城西內城腳下」，亦稱「二相公廟」，祀奉子游、子夏。又云「舉人入京者，必往謁祈夢，率以錢置左右童子手中，云最有神靈」。《燕翼詒謀錄》卷四亦云「京師試于禮部者，皆禱于二相」。可知汴京士子有此臨考至「二相廟」求神之俗。又據《汴京遺蹟志》及《宋東京考》的記載，云在汴京太學中有「桂香祠」，祀奉的是文昌帝君，士人、太學生應考往往祈之。此皆可謂士子的保護神。

（四）扁鵲廟：據《宋史》卷四六二，云仁宗景祐元年時，許希針愈仁宗疾，願將仁宗所賜金興建扁鵲廟，仁宗乃為築廟于城西隅，封「靈應侯」。「其後廟益完，學醫者歸趨之，因立太醫局于其旁」，可知為醫生的祖師爺。

〔註7〕皋陶為虞舜時獄官之長，又為禹之大臣，後世乃以皋陶為獄中之神。

而《續河南通志》中更言扁鵲墓旁土可以療疾。在許多地方，扁鵲並被尊為藥王，則扁鵲實又為醫者與病人共同之保護神。

（五）朱亥祠：據《塵史》卷下云：「朱亥墓在都城南，過所謂四里橋之道左，旁有祠，垣宇甚全，木亦茂，呼為屠兒墓園。」而每到清明，汴京眾屠均備酒肴祠之，蓋屠戶之祖師爺。

四、自然神

所謂「自然神」，是指如風雨等自然力或自然現象的神。這些神明所帶給人民的，與其說是佑護，不如說是災害來得更多。若是風調雨順，則這些神明崇奉就沒有存在的價值了。人們也只有在遇到了風雨旱蝗這一類的天然災害時，因為人力無能對抗，只好祈應於這些「非我族類」的怪物，寄望能用賄賂、買通、討好的方式，求得一年的平安無事與豐收。

（一）風伯廟：據《宋東京考》云，廟在城東北，祀風師，大中祥符間建廟。在中國南方是以飛廉為風神，北方則是以星宿為風神。北宋時，中央政府且在每年立春後丑日祭風伯，立夏後申日祀雨師、雷師，均用中祠禮。

（二）五龍廟：據《宋會要輯稿》，廟在城東春明坊。建於太祖建隆三年。又名「五龍祠」。北宋政府於每年仲春祭之，用中祠禮。此神掌管江海河湖及降雨。據《醴泉筆錄》卷上，則皇帝遣人謝晴亦在五龍廟。可知不僅旱災要求龍王，即使久雨無晴亦要求龍王，足見其勢力之大，權威之盛。另外，據《宋東京考》所記，汴河上尚有小龍祠，《鐵圍山叢談》卷六亦云都城之水門外有龍祠，此或與《宋東京考》所記為一地。《鐵圍山叢談》敘述龍神脾性暴躁，動輒毀船取人命。然而由於其掌理諸河道及降雨，等於掌握了人民的命脈，故連皇帝也不願得罪。而由於其所轄者多，所以全國各地凡有水處莫不立有龍王廟，其廟遂如城隍、土地般，成為民間信仰相當重要的環節了。

（三）其它：此外，據《墨客揮犀》卷三，記載「熙寧中京師久旱，按古法令坊巷各以大甕貯水插柳枝、泛蜥蜴，使青衣小兒環繞呼曰：蜥蜴蜥蜴，興雲吐霧，降雨滂沱，放汝歸去。」此或是從王彥威鎮汴時所用祈雨法而出（見《南部新書》己卷）〔註8〕。農民靠天吃飯，為了求風雨適量，水旱不來，

〔註8〕 《南部新書》己卷云：「王彥威鎮汴之二年，夏旱。時袁王傅李玨過汴，因宴，王以旱為言。李醉曰：『可求蛇醫四頭，十石甕二。每甕以水浮二蛇醫，覆以

無論什麼方法，什麼代價，是都付得出的。就像流行於江北的八蜡廟，所祭的蝗神，雖然是農民之大敵，但是爲了保全田裡的莊稼，也不得不委屈求全地去祭拜牠。許許多多的民間信仰，也就基於這種心理而起。這是農民的無奈，也是農民的悲哀。

五、邪　神

　　所謂邪神，是指此神來歷不正，或行止不端，又或其祭祀有害風俗者。而民間之所以奉祀，亦非對其有所信仰，取的是破財消災、買平安之意。

　　（一）狐王廟：據《大宋宣和遺事》云：「宣和七年秋九月，有狐由艮岳直入禁中，據御榻而坐。詔毀狐王廟。」（亦見《宋史・五行志》）可知北宋汴京有狐王廟。此物北方極盛，稱之大仙，而民間爲求平安，亦多有奉祀。

　　（二）五通神：據《能改齋漫錄》卷十八之記載，汴京有五通神。此「神」行止甚爲不端，常掠婦人小兒，又好淫人婦女，其形像爲五少年，而以江南爲盛，未想於北方的汴京亦有此種神。其雖爲淫神，卻以多神通，故於民間亦有人奉祀之。

　　（三）紫姑：紫姑相傳爲廁神，習俗以正月望迎紫姑，民間則盛行召紫姑降乩爲詩詞事。《夢溪筆談》卷二十一云其「能文章詩歌」、「醫卜無所不能，棋與國手爲敵」，嚴格說來不算邪神。而於宋徽宗宣和初下令禁之，（見《萍洲可談》卷三），然一種信仰需國家下令禁絕，其流行亦可知矣。

　　（四）獰瞪神：據《夷堅丁志》卷十云：「京畿惡少年數十成群，或三年，或五年，輒捕人漬油中，烹以祭鬼，其鬼曰獰瞪神。每祭須取男子貌美者。」以生人爲祭，自是邪神無疑。

　　以上所述，本文將之歸入邪神一類，至於這些神的來歷，信奉情形，記載甚少，大抵民間相信物久成精，繼則作祟，故而有一些妖鬼邪神出現。只問靈驗與否，不顧是非，或也是民間神明崇拜之特點所在。

　　上列即所分五類民間信仰之神明，另外尚有不詳所祀者，如《汴京遺蹟志》所記之普濟廟，云在城西南隅之景福坊，大中祥符四年六月修葺賜名，不知奉祀何神。如城東南吹台上的二姑廟，云奉祀二仙姑，然不知二仙姑究

木蓋，密泥之，分置於鬧處。瓮前設香席，選小兒十歲已下十餘，令執小青竹，晝夜更互擊其瓮，不得少輟。』王如其言試之，一日兩度雨，大注數百里。」《墨客揮犀》卷三所載神宗時汴民祈雨之法，殆出於此。

係何人。再如《夷堅丙志》卷七所記之白馬大王廟，又名白馬將軍廟，亦不知所奉何神。此皆俟他日資料完足，再作敘述。

　　以上敘述了汴京一地民間信仰的情形，面對如此眾多繁雜的神明信仰，北宋政府自也企望能納入管理，以避免信仰過份地煽惑人心，而影響到人民的生活導至脫序（如《雞肋編》卷上所載睦州方臘即藉魔教作亂）；或因民眾事神明太過虔信鋪張而導致民力窮盡。故《坦齋通編》云：

> 狄梁公使江南，毀淫祠千七百所。王仲舒爲江西觀察，有興浮屠祠
> 屋者，悉驅出境，皆所以善俗也。

雖然說的是江南，但是可以看出宋初爲維護善良風俗，而對宗教信仰所作的限制。然而諷刺的是，北宋諸帝，除了開國的太祖與在位僅四年的英宗外，歷代皇帝均因信仰道教，而大興宮觀（若算入太祖重修的建隆觀，則僅餘英宗而已），尤以眞宗、徽宗爲最，其奢華浪費亦最甚。於民間之奉事神明，所過不知凡幾。北宋諸帝爲防止宗教狂熱所作的約束，雖有正面的意義，但是因爲皇帝自己並不能以身作則，所以成效不大。《愧郯錄》卷六引《宋會要》云：

> 政和五年十一月四日，臣僚言諸色人然頂煉臂，刺血斷指，已降指
> 揮，並令禁止。

至政和六年正月二十三日，又

> 詔近來京師姦滑狂妄之輩，輒以箕筆聚眾，立堂號曰「天尊大仙」
> 之名。畫字無取，言語不經，竊慮浸成邪慝，可令八廂使臣逐地分
> 告示，毀撤焚棄。

賞錢三千貫，讓市民檢舉。至於捉到的「姦滑狂妄之輩」，「則斷徒二年，刺配千里。」賞格不可謂不厚，罰則亦不能謂不重，徽宗的詔令也確實有一段時間見出了成效。可是，到了南宋，一切又都故態復萌了。究其根本，乃因統治者自己佞信神佛，甚且託神佛以自重，人民上行下效，自不能收到效果了。

　　道教可以說是宋的國教，諸帝爲宏揚道教而大建宮觀，至於其它的民間信仰，恐怕就不盡心若是了。據《鶴林玉露》卷十一與《容齋四筆》卷十一的記載，王安石行新法時，司農嘗以天下祠廟出租給民眾，官府拿了錢後，即「聽民爲賈區，廟中慢侮穢踐，無所不至。」遂將廟宇變成了市場。直至犯到了南

京的關伯、微子廟，因與宋王朝有了關係，神宗這才大怒而廢止〔註9〕。

　　以上所述，爲北宋汴京地區民間宗教信仰與神明崇奉之情形，信仰是人類心靈的支柱，透過上述汴京地方佛道乃至諸神明祠廟祀奉的情形，或許可以窺知汴京人民精神生活之一面。

〔註 9〕據《鶴林玉露》卷十一與《容齋四筆》卷十一，時張安通知南京，上疏言：「宋王業所基也，而以火王。關伯封於商丘，以主大火；微子爲宋始封。此二祠者，獨不可免乎？乞以公使庫錢代其歲入。」這因爲宋代諸帝篤信五行之說，以爲自己以火德興，而微子是宋國之始，與宋王朝亦扯得上一點關係。故張安通以之勸神宗，而神宗果廢罷祠廟之令。

第九章　汴京之社會與文化

第一節　園　林

　　園林亭台之勝，在北宋汴京達到了一個新的高峰，而宋徽宗時期則是這個高峰的頂點。當時不僅皇帝以各人喜愛而大建園苑，就是一般富貴人家，也多造園林。甚至於連道觀、寺廟也都有園林，或地處園林之內。而大一點的酒樓、邸店，爲了招徠顧客，有時也斥資興造亭榭池塘。據《東京夢華錄》卷六「收燈都人出城採（當作「探」）春」云徽宗當時，

> 都城左近，皆是園圃；百里之內，並無閒地。

可知斯時的汴京園林之盛，置身其中，就如同在個大花園內一般。在這麼些大大小小的園林中，大概以宋徽宗時所造爲最多且最精美了。如在京城東北的萬壽山、艮嶽，爲此幾窮全國之力。另外，據《可書》云，於宣和末，

> 都城起建園圃，殆無虛日。土木之工，盛冠古今。如擷芳園、山莊、
> 錦莊、筠莊、壽岳、輞川、革子岡、鹿寨、鵝籠、曲江、秋香谷、
> 檀欒館、菊坡、萬花岡、清風樓等處，不可舉，皆極奢侈，爲一時
> 之壯觀。

徽宗不僅新造，且整建原有園圃，其華麗固前所未有，然其奢侈浪費，亦前代所不能比。北宋所以亡國，這該是項重要的原因。不過，從另一個角度來看，園林的繁盛，也代表了生活水準的提高，進而對生活品質的講究；在溫飽之後，而能進一步追求一種生活情趣。同時，園林大盛，亦可看出建築與造園技術的大幅度提昇。這些正面含義，在誅伐徽宗窮奢極欲，殘民以逞時，

也是不可抹煞的。

　　據《東京夢華錄》卷六的記載，汴京的園林勝處，在城南有「玉津園」、「學方池」、「一丈佛園子」、「王太尉園」、「孟景初園」。城東南面的陳州門外，「園館尤多」。在城東宋門外，則有

　　　　快活林、勃臍陂、獨樂岡、硯台、蜘蛛樓、麥家園、虹橋、王家園。

宋門和曹門間，有「東御苑」、「乾明崇夏尼寺」。汴京城北，以「李駙馬園」最有名。據楊侃「皇畿賦」的記載，則城北有瑞聖園（又名含芳園），是御園，亦極華麗〔註1〕。城西園苑亦不少，出新鄭門外，即「金明池」與「瓊林苑」。以西為「宴賓樓」，內有池塘亭樹，再往西有

　　　　下松園、王太宰園、杏花岡……蔡太師園……養種園……藥梁園、

　　　　童太師園……

皆著名的私人園林，城西北則有「庶人園」。而據《楓窗小牘》卷下的記載，除了上述的名園之外，補充了城南陳州門外的「奉靈園」、「靈嬉園」。城內的「芳林園」、「同樂園」、「馬季良園」。以上雖舉列了二十餘處園林，但這僅是汴京名園之部份，至於有名而未列者，尚有許多。故此，《楓窗小牘》卷下云：

　　　　其它不以名著約百十，不能悉記也。

《夢華錄》亦云「都城左近，皆是園圃」，可知汴京園莊的數量，實在相當驚人，殆不弱於以名園、牡丹著稱的洛陽。

　　在汴京這麼多苑囿中，自以徽宗的「艮嶽」及京城四御園（謂瓊林苑、金明池、宜春苑、玉津園，見《石林燕語》卷一）最為華麗、著名。只不過此地僅有皇帝得享，一般民眾是進不去的。只有在三月一日至四月八日這一段春暖花開的日子中，會開放瓊林苑與金明池，並在金明池上表演各式水上的遊戲，以及競渡爭標，供民眾遊樂、觀賞。同時也准許小商販入內撲賣。在這段時間內，「雖風雨亦有遊人，略無虛日（見《東京夢華錄》卷七）」。另外，在清明節時，也開放五嶽觀凝祥池，「放萬姓燒香遊觀一日」，據《東京夢華錄》卷二的描寫，此池：

　　　　夾岸垂楊菰蒲蓮荷，鳧雁遊泳其間。橋亭台榭，棋布相峙。

儼然又是一處遊賞聖地，可惜年只開一日，委實太少。

　　此外，城北的李駙馬園，也是汴京極富盛名的一座園林，幾不下於諸御園。此園又稱「北李園（見《曲洧舊聞》卷三）」，本號「靜淵莊（見《避暑

─────────────

〔註1〕楊侃「皇畿賦」云：「其北則瑞聖新名，含芳舊苑。四方異花，於是乎見」。

錄話》卷下）」，原爲王貽永舊第（見《石林燕語》卷三）。據《避暑錄話》的記載，此園「異石名木，參列左右」，並爲汴京首植銀杏之處。到了徽宗時將之收爲國有，改稱「擷芳園」，其後又改稱「崇德宮」，而成爲寧德皇后的住所〔註2〕。

　　除了元宵以後直到清明，都人遊春之外。於九月重陽，都人也多出外登高。據《東京夢華錄》卷八「重陽」云，此時人們多至：

　　　　倉王廟、四里橋、愁台、梁王城、硯台、毛駝岡、獨樂岡等處宴聚。

就不限於園林了。不過，登高與遊春，他們的實際意義與效果，則是相同的。

　　從北宋汴京園林的發達，可以看出這是宋代生活水準與文化水準提昇的結果。這可以分兩部分來說，在精神方面，已經由只圖溫飽的求生存進而至講究生活情趣。而在實質方面，造園所牽涉到的除了建築與植物園藝方面的專業知識外，更需要的是一份藝術素養。雖然在宋徽宗時因爲「花石綱」而搞得民窮財盡，這是徽宗政府無論如何無法規避的罪咎。然而，若是從園林綜合了當時各項專業知識及其所代表人們精神生活上所到達的高度而言，說它爲「文化」的表現並不爲過，如果從這個角度來省察，那麼「園林」大盛於北宋汴京，在文化上，實也具有重大之意義。

第二節　商業活動

　　一個社會的發展必然是全面性的，社會的進化也必定是由全體成員所締造。事實上，在許多時候甚至是由中下階層民眾推動起風氣，進而造成社會之潮流的。這種現象在宋代市民階級形成後更爲明顯，他們的影響力也越來越大。拿文學方面來說，宋代的詞、小曲乃至話本小說，無一不是由民間而起，進而成爲一時之文學風尚的。基於這一點，我們對於宋代以後逐漸發展、壯大，擁有高生產力與消費力，代表了平民百姓的「市民階級」，其於社會發展所做的貢獻，就必須予以肯定。而市民階級之所以興起，其最主要的原因，即在當時商業的勃興，本文在此即就北宋汴京的商業活動，做一概述。同時並對當時一些新興、盛行之行業，附帶敘述之。冀能從這個角度，勾劃出斯

〔註2〕徽宗時將宮城北牆至裡城北牆的一大片土地亦收入禁宮範圍內。而在其中大建宮殿、樓台、園苑，即延福宮殿群。李駙馬園亦在其中，後來成爲寧德皇后所居。

時汴京都會之繁華及生活之富庶。

　　汴京因地處水陸交通運輸之樞紐，早自唐末時開始，即逐漸成為新興的政治中心，五代的後梁、後晉、後漢、後周均以之為國都。而在隋代即修建的大運河則是開封地區經濟、糧食的命脈，也是北宋汴京繁榮的重要因素。其將江南的米糧貨物，自長江流域入淮河，再經汴河而至京師，而南方的商人亦由此而入京。在汴京成為國都後，歷代屢次修汴河，以維持漕運的暢通，而造成了北宋時汴京商旅輻輳，百物匯萃的熱鬧景象。據《玉壺清話》卷三的記載，在後周世宗時「大濬汴口」，有生意眼光的主事人周景知道此後舟楫既通，「將有淮浙巨商賈糧斛賈萬貨臨汴」，因此預先在汴河邊蓋起貯貨的倉庫樓子，後來果然以此發了大財。樓中「山積波委，歲入數萬計」。由此可知當時汴京貿易的發達。

　　汴京既成為全國水陸交通之衝要，各地特產的貨物，均集於京師，從大批發商到市井的小攤販，由原料生產者而製造者再到消費者，經過了一連串大大小小的交易，汴京已可說是一個典型商業化的都市了。此外，由汴京城中商業繁榮，商店與住家混雜之情形，更可以得到印証。其中最具特色的，就是北宋汴京「市」的發展。雖然在唐代長安已有「東市」、「西市」，為人民解決生活日用上的需要，然而這種將商業活動嚴格限制在特定區域內方法，到後來已經不能滿足民眾的需求了。大大小小的市集於是在街坊里巷間出現。同時，住宅與商店混雜一處。兩方各取其利，再無明確的界限了。市集的大量出現，一方面也意謂著市民階級的興起，他們逐漸凝成一股強大的力量，而漸主導了消費市場。市集也由原本只在特定的日子交易，轉變成每日皆有的固定集市。在《東京夢華錄》中，即記載了許多這一類遍及京師各處的「市」，如卷一「大內」所載「東華門外市井」，所賣即是專門供應給大內禁中的時鮮飲食及珍貴物品。卷二的「州橋夜市」則是從州橋直到龍津橋的一長條御街，所賣均是小吃雜嚼。潘樓街上潘樓酒店下的集市，則是每日數回合，早晚不絕。潘樓東邊又有「土市子」，又叫「竹竿市」。再往東則是「鬼市子」，是天明前開張的市，每日「五更點燈博易買賣衣物、圖畫、花環、領抹之類」。卷三的「馬行街鋪席」則恐怕是汴京最熱鬧的地方了。其夜市「比州橋又盛百倍」，同時又云「夜市直至三更盡，才五更又復開張。如要鬧去處，通曉不絕」。《鐵圍山叢談》卷四亦云「馬行街人物嘈雜，燈火照天，每至四鼓罷」，實在是汴京城中夜市、酒樓最為繁盛之處。另外，如城東的宋門外、

城西的梁門外躍路上、城北的封丘門外，也都是熱鬧的市集。另外還有大相國寺，它是古來最有名的「廟市」，每月的朔、望及三八日開放五次。據《燕翼詒謀錄》卷二云其：

> 中庭兩廡可容萬人，凡商旅交易皆萃其中。四方趨京師以貨物求售，
> 轉售他物者，必由於此。

王得臣《麈史》卷下亦云於相國寺中：

> 伎巧百工列肆，罔有不集；四方珍異之物，悉萃其間，因號相國寺
> 爲「破贓所」。

寺中「瓦市」所賣，包括衣食用具至書籍圖畫文玩，樣樣皆有，是汴京規模最大的定期集市。

在汴京這許多集市中，大多數賣的都是衣食雜貨等日常用品，幾個夜市更是以飲食爲主。其中比較特殊的是相國寺，幾乎成爲算命相術者及各種新舊書籍的集散中心，這是其它市集少見的現象。而在濃重商業氣氛之外，憑添了幾許文化氣息。還有一個比較特殊的現象，即市集營業時間的延長。如《東京夢華錄》卷二云於潘樓酒店下的市集，每日：

> 自五更市合，買賣衣物、書畫、珍玩、犀玉。

到了黎明，又成爲菜市場，販賣：

> 羊頭、肚肺、赤白腰子、妳房、肚胘、鶉兔鳩鴿野味、螃蟹、蛤蜊
> 之類。

最後有「諸手作人上市，買賣零碎作料」，大抵此時市場上僅餘人挑剩的，價格較爲廉宜。同樣的地方在午後改賣零食。如：

> 酥蜜食、棗餖、澄砂團子、香糖果子、蜜煎雕花之類。

過了傍晚，則又開始賣些衣物用品，如：

> 頭面、冠梳、領抹、珍玩、動使之類。

像這樣一個市集，每日從早到晚幾乎未有停歇。而所賣的物品更是種類齊全，平日用得到的，都可在此買到。另外如馬行街的夜市，到了三更半夜，尚有營業，滿足夜歸人的口腹。從市集營業時間的延長，甚至持續至三更半夜，更可證明，北宋汴京早已脫離了「日出而作，日入而息」的傳統農業社會的生活型態，而進入了繁忙的商業社會。《東京夢華錄》卷三所云，「市井經紀之家，往往只於市店旋買飲食，不置家蔬」，這種無日無夜的經營逐利，大概也是典型汴京商賈之家的生活型態吧！

在宋代汴京的商業活動中，行會的影響力日為重要，在宋代，官府所需之物資或行役，即由行會負責向行中商人攤派。但是民間商人為了種種因素〔註3〕往往不願「入行」，因此在神宗時汴京有「免行錢」的出現，商人只要繳納「免行錢」，即可不「入行」，亦不會被要求供應政府所需。然而到了北宋末，「免行錢」成了虐政，因為政府往往仍向已納「免行錢」的商戶課買，造成商人雙重的負擔。不過，不論如何，行會在北宋汴京都是非常重要的商業組織。在《東京夢華錄》中，常常可見到相同行業皆聚集一處，如此自然即能產生協調彼此經營的商會了。如記汴京有「魚行」、「肉行」、「果子行」，又如「界身」之為汴京之金融中心、馬行街上的兩行醫藥鋪、大小貨行巷則「皆工作伎巧所居」、相國寺南的繡巷，「皆師姑繡作居住」；同行業人聚居一處，行會的運作自然就更方便了。

汴京的服務業也非常發達，廣義來說，娛樂業——如汴京瓦肆的伎藝，也算是一種服務業。此乃為商業興盛，社會進步、分工以及財富增加的結果。如《東京夢華錄》卷四云婚娶時的「從人衫帽，衣服從物」，乃至轎輿，均有租賃者。而在喪事方面，「方相車轝，結絡綵帛，皆有定價，不須勞力」。出門辦事，如果「路遠倦行」，還有出租鞍馬的。如果整修房屋要請泥水匠，或生辰忌日時請僧尼道士，都可於清晨在市街巷口找得到。這批「雜貨工匠」、「雜作人夫」、「道士僧人」，都是現成而且專門「候人請喚」的。而在筵會方面，於前述「食」的方面已曾敘及，有「四司六局」專門候人差遣。請客的主人只要付錢，就能得到完善週全的服務。社會的繁華、富戶的增加，也使得汴京貴家對婢侍女使的需要量大增。據廖瑩中《江行雜錄》云：

> 京都中下之戶，不重生男。每生女則愛護如捧璧擎珠。甫長成，則隨其資質，教以藝業，用備士大夫採拾娛侍；名目不一，有所謂身邊人、本事人、供過人、堂前人、雜劇人、拆洗人、琴童、棋童、廚娘等級，截乎不紊。

這是社會兩極發展，貧富日益懸殊之後的畸形現象。從此亦可知，汴京社會雖然繁華，財富卻越來越集中於少數人，社會每一分子所締造的發展成果並未平均分予每一個人，而造成社會不公，形成嚴重的社會問題。

宋代還有一特殊的行業，叫做「牙人」，即買賣雙方的仲介人，這也算是

〔註3〕如政府對行戶物品估價較低、積欠價款、需索無度等，都使宋代商人不願意「入行」。

服務業的一種，據《孔氏談苑》卷五的記載，「牙人」本謂之「互郎」，《能改齋漫錄》則云於唐代即有，本是主持邊境地區互市之事的。到了宋代，「牙人」成爲交易過程中不可缺的一環，在交易達成後，並抽取一定的成數作爲媒介交易的報酬。當時各行業均有這種中間的牙人，如《東京夢華錄》卷三「雇覓人力」所云：

> 凡雇覓人力、幹當人、酒食作匠之類，各有行老供雇。覓女使有即
> 引至牙人。

如行老、牙人即是買賣雙方之中間媒介。

汴京的商業發達，自然產生了許多大商人、資本家。除去各項專賣、壟斷性行業中，與政府合夥的商人外（如鹽、酒、礦山等），開設邸店，也是當時汴京大商人所喜歡投入的行業，用現代的話講，就是旅館業。由於汴京是一個全國性的大都市，又是水陸交通與政治中心，故而商賈、士人乃至來汴京謀生的外州縣人民，每集於京師。邸店能爲這些人解決住的問題，邸店主人就大賺其錢了。如宋徽宗時的奸臣何執中，《閒燕常談》說他「廣殖貲產，邸店之多，甲於京師」，是當時的大官僚兼大地主兼大資本家。

除了開設邸店外，放高利貸也是汴京商業發達後流行而賺錢的行業。《搜採異聞錄》卷五云：

> 今之人出本錢以規利入，俗語謂之「放債」，又名「生放」。〔註4〕

《清尊錄》則云，在京師中「凡富人以錢委人，權其子而取其半，謂之行錢」。由此看來，利息是極高的。又有抵押貸款，在汴京有專門辦理此種業務的民間機構。率爲富室所營，稱爲「解庫」或「質庫」〔註5〕。據《老學庵筆記》卷六的記載，有的寺院甚至也「作庫質錢取利」，稱之「長生庫」。到了宋神宗變法後，政府亦來分一盃羹，而有官設的「解庫」出現。這些都是商業發達、資金融通的結果。資金的大幅度增加與流通，自然容易產生大資本家了。

以上所述，是汴京商業發達後，大部份爲從事手工業、商業、工人、服務業的市民階級崛起，從而在社會上所發生的一些變化。大體來說，它們都和商業活動的蓬勃，有著密不可分的關係，有些甚至是互爲因果的，而對於北宋汴京都會的繁華也都有著不可磨滅的貢獻。

〔註4〕《搜採異聞錄》此條所記，又見《容齋五筆》卷六。
〔註5〕據《能改齋漫錄》卷二云：「江北人謂以物質錢爲『解庫』，江南人謂之『質庫』。」

第三節　社會風氣

　　要敘述宋代汴京的社會風氣，必須綜合汴京地方的民風土俗與北宋時期的時代風氣來看。因爲在汴京地區人民固有的習氣外，其社會風氣是隨著時代的變遷而遞變的。是以在敘述汴京一地的風氣土俗時，實不能脫離時代風氣的影響。在汴京的民風方面，據《方輿勝覽》云：

　　　　物產富饒，習俗侈靡。

明王士性之《豫志》則云：

　　　　汴城在八郡中爲繁華，多妖姬麗童，其人亦狡獪足使。

清修《祥符縣志》則云：

　　　　平原修野，故其人坦易；巨濤大河，故其人結博。

　　大體來說，開封地方的人民廓然大度，然病在侈靡。這可能因本地曾爲七代國都（魏、後梁、後晉、後漢、後周、北宋、金）之故。而在北宋時，正是汴京繁華的巔峰，情況更是如此。如《東京夢華錄》卷四「會仙酒樓」即云：

　　　　大抵都人風俗奢侈，度量稍寬。

卷五「民俗」則舉例說明汴京民眾的「人情高誼」，云：

　　　　若見外方之人，爲都人凌欺，眾必救護之。或見軍鋪收領到鬥爭公
　　　　事，橫身勸救，有陪酒食檐官方救之者，亦無憚也。或有從外新來
　　　　鄰左居住，則相借借（措）動使，獻遺湯茶，指引買賣之類。更有
　　　　提茶瓶之人，每日鄰里互相支茶，相問動靜，凡百吉凶之家，人皆
　　　　盈門。

從上面所舉的五個例子中，足見汴人好客、俠義、大度的性情。故《東京夢華錄》稱讚其「闊略大量，天下無之」。「闊略大量」固然是難得，但是卻很容易流於奢侈華靡。

　　宋代重文輕武，重視士大夫的氣節，遂一變唐末五代士人輕薄無恥之行。從宋初到眞宗、仁宗時，風氣尚樸質。如《東軒筆錄》卷十三云宋初士大夫如王朴、宋白、魯宗道，或便服行於市井巷陌，或如市人飲於酒肆，可見當時簡率脫略之風。而此時也是北宋的盛世，但是後來就走下坡了。究其原因，乃是「奢侈」作祟之故。如眞宗大中祥符年間所造的玉清昭應宮，張詠謂之「竭天下之財，傷生民之命」（見《涑水記聞》卷七）。《儒林公議》卷上亦云其「所費鉅億萬，雖用金之數亦不能會計」。而在玉清、景靈、會靈三宮觀完

成後，國力也隨之耗竭了。至於在宰臣方面，寇準的豪侈可爲代表，據《後山談叢》卷三及《國老談苑》卷二的記載。其家向不點油燈，即連廁所、馬廐亦「必用蠟炬」。而當時臣下家有歌舞伎樂，嬖幸妾妓者，更比比皆是。居上位者如此，也無怪乎汴京的風俗要日趨華靡了。

據《鶴林玉露》卷九載王安石論末世風俗，云：

> 賢者不得行道，不肖者得行無道；賤者不得行禮，貴者得行無禮。

時當爲神宗之際，則風氣已漸隳壞了。神宗時又變新法，在新法的許多措施中，雖然意在爲國家開闢財源，但卻不免與民爭利之譏評。而也確有許多措施，因執行不善，非惟不能便民，而且擾民，這對社會風氣也是有不良影響的。

至徽宗時代，汴京的繁華已是無以復加，而奢靡之風亦達於頂點。徽宗皇帝以爲天下艾安而盡情享樂，君臣之間乃至整個社會上瀰漫著淫靡之氣，除了奢侈外，更造成士大夫骨氣蕩然，非但不能正天下之風氣，反而競事逢迎，據《萍洲可談》卷一云：

> 興國賈公袞自京師歸，余問物價貴賤。賈曰：百物踊貴，只一味士大夫賤。

這是因爲當時士大夫奔競於權貴之門，故有此言。《老學庵筆記》卷三亦云於宣和間，「風俗已尙諂諛」。由此亦可見徽宗時士風之敗壞了。進一步比較北宋的初、中、晚期，越能清楚發現，社會雖然越加富裕、進步、繁榮，人心與風氣似也腐蝕得越嚴重。如據《燕翼詒謀錄》卷二的記載，宋初金銀之價甚賤，而到了眞宗時價乃增，到了宣、政間，其價更是日增未已，《燕翼詒謀錄》述其緣故，因爲「上以爲重則下競趨之，求之者多，則價不得不踊」。卷五，又記載了各代宦官的數目，云宋初時，「宦者不過十人，眞宗時漸眾」，至仁宗皇祐五年，以百八十員爲額，哲宗時以百人爲額，到了徽宗宣、政間，竟至「動以千數」。無怪乎在徽宗宣和間，睦州布衣朱夢說要上書，言「入仕之源太濁，不急之務太繁，宦寺之職太盛」（見《可書》）了。由此再一次的証明，風氣的轉換，居上位者實應負極大的責任。

據宋人筆記的記載，徽宗時諸奸臣家中聚斂之多，頗駭人聽聞，如蔡京家中，「點檢蜂兒〔註6〕見在數目，得三十七秤」（見《清波雜志》卷四、《甕牖閒評》卷六、《齊東野語》卷十六）、「黃雀鮓自地積至棟者滿三楹」（見《清

〔註6〕「蜂兒」不知究爲何物，殆亦貢入京師的珍貴食品之屬。

波雜志》卷四、《寶顏閣評》卷六）；童貫家中的「理中丸」〔註7〕，則達數千斤（見《清波雜志》卷四、《卻掃編》卷上、《齊東野語》卷十六）；王黼家中的黃雀鮓亦是「自地積至棟，凡滿二楹」（見《齊東野語》卷十六）。在家中積存了一些一輩子也吃不完的珍貴食品、藥物，足見其奢侈，然而話說回來，若是沒有那麼多愛拍馬屁的官員，大概也積不了這麼多。

　　徽宗時期繁華已極，帝王與大臣為了一己的享受而大事聚斂、生活侈靡。士大夫本是社會的骨幹，此時奔競逢迎於權貴之門。在這種情況下，平民百姓亦營營逐利，習於安樂。因此，雖然汴京城的繁華是前所未有，但卻是「金玉其外，敗絮其中」，儘管有識之士對此情況早已引以為憂，儘管太學生們不斷地呼籲、陳情，儘管直到北宋末期，政府也都維持著一批數量龐大的軍隊，然而當金人入侵，北宋仍不免於滅亡，汴京也不免於凋零殘破，乃至面目全非了。事實上，繁華並沒有錯，錯的是財富只集中於少數人之手。因此，汴京的繁華從某些角度看來是病態的。而更嚴重的問題在於由居上位者引導下奢侈淫靡的社會風氣，這才是北宋亡國、汴京城破的主因。若非社會已是腐敗不堪，又怎會亡國如是之速。我們探討北宋的由盛而衰，汴京的由繁華而至破敗時，是不能忽略這一點的。

第四節　文　化

　　本節所述之「文化」，重點放在由知識份子所締造者，故所述以文學、藝術為主。北宋重文輕武，諸帝於士大夫知識份子亦極禮遇。此外，在唐代即發明的印刷術在此時大盛，刻書業成為新興行業，無論是國子監的官刻、私家的書坊乃至個人，刻書流傳求售的情形越為普遍。這些都造成了宋代的文風大盛。我們從那些由宋代流傳至今日的私家筆記，其數量之驚人，即可見其一斑。由於文風之盛，也使得宋代的學術與文化傲視前代。這種文化的風氣是蘊涵在生活中每一部份的。如前所述，士大夫在飲宴會聚之際，也多是在互相考較學術，談論典故，而在這些天空海闊，不拘形式的談論中，也包含了許多有價值的內容，產生了許多足以傳世的筆記。還有一個故事也很有意思，敘述趙明誠、李清照夫婦在閒暇時的娛樂竟是以記性來賭茶，如某則典故載於某書某葉某行，記錯了就不得飲茶。這都可以看出當時文風之盛。

〔註7〕「理中丸」可能係藥劑之一種，然亦不知其成分為何？及主治何症？

　　文章、學術風氣的盛行，表現在著述上，如《避暑錄話》卷上記載了晏殊愛惜字紙，收集了平日的書信與公文，「皆積以傳書」，甚至連封皮都保留著，「每讀得一故事，則書以一封皮，後批門類，按書史傳錄」，以這種態度著述，無怪乎宋代私家著書之多了。表現在對待書的態度上，如《梁谿漫志》卷三記載司馬光愛書、護書之情；除了於秋天晴朗的日子曬書外，看書時置書於淨几上，並「藉以茵褥」。要邊走邊看書時，則「承以方板」，深怕手汗漬及或損害到書背穿線的部份。在翻書時，則「側右手大指面，襯其沿而覆，以次指面撚而挾過」，不敢用指爪撮之，以免揉傷紙。如此這般小心翼翼，是以其書「累數十年皆新」。正因有這樣愛書的心，故宋代乃多私人藏書家，如歐陽修即藏書萬卷，司馬光也有「文史萬餘卷」。基於這種基礎，到了南宋也才有晁公武、陳振孫兩位藏書家首先寫出能「考鏡源流」的書錄。

　　除了內容包羅萬象的筆記之外，詞曲、小說也是宋代文人流行的創作體裁，其意義是十分重大的。詞曲、小說源起於民間，迅速成為文人的寵兒，如詞曲的創作者包括大官至庶民；小說話本的作者則多是落魄文人（如寄跡書會中者）。這代表了平民階級的抬頭，連帶使得在形式上符合人民需要，在內容上描寫人民情感的市民文學受到重視（當然，這也因為許多市民本身即是略通文墨的落拓知識份子或半知識份子）。而這些庶民百姓也終於有了能表達他們的生活、思想與情感，並能為他們所接受的文學作品出現，這是非常值得重視的。

　　刻書、出版業的盛興是文化活動得以發展的又一重要因素。由於印刷術的發明，也改變了書籍的式樣，據《演繁露》卷十五云：

　　　古書不以簡策縑帛，皆為卷軸，至唐始為葉子，今書冊也。

可知唐代的書籍已經由簡策、卷軸的形式進步為摺疊式的「葉子」，又稱為「旋風葉」。而在宋代刻本盛行後，則又發展出「蝴蝶裝」。至於在書籍出版方面，《石林燕語》卷八云：

　　　今天下印書，以杭州為上，蜀本次之、福建最下。京師比歲印板，
　　　殆不減杭州，但紙不佳，蜀與福建，多以柔木刻之，取其易成速售，
　　　故不能工。福建本幾遍天下，正以其易成故也。

不僅告訴我們當時幾個板本的優劣，也間接說明了斯時印書業盛行之情。據《夢溪筆談》卷十八的記載，則宋仁宗慶曆中尚有畢昇發明了膠泥活字，活字印刷雖沒有進一步的發展，但由印刷技術的改進、發達，亦可見北宋時文

化事業的興盛了。而讀書人也往往自行刊印書籍販售。如《道山清話》引張耒云：

> 近時印書盛行，而鬻書者往往皆士人，躬自負擔。

在汴京，士人們刊印書籍後多攜至相國寺販賣，如穆修爲了提倡古文，在得到了韓柳集善本後，「欲二家集行於世，乃自鏤板鬻於相國寺」（見《曲洧舊聞》卷四）。《玉照新志》卷四也記載了章拱之曾印了誣陷蔡襄的文章在相國寺公開販售，後來果然達到了效果。

北宋汴京文化水準之高及文化事業的蓬勃，還可以從當時書、畫的發達及對古器物的重視中看出。書法繪畫到了宋代達到一個新境界，宋人書法已脫離了唐人的規矩嚴整，成爲一種個性的表現，表達方式也從碑刻到重新重視札帖，從而更增加了書法中文人與自我追求的氣息。繪畫亦然，宋代繪畫也脫離了人物畫的限制及宗教影響，逐漸轉變爲以山水爲主流。同時，取代宗教化繪畫的，是以詩、書入畫，造成詩、書、畫三者的合一。從書、畫在北宋的發展，我們也可以清楚地體會到，書、畫已經從一種純粹技藝的層面轉變爲文人對文化的反省與自我追求的方式之一了。簡單地說，就是「文人化」的書畫出現了。另外，也是由北宋才開始注意到古器物，進而對它們做記錄。士大夫知識份子好古器者極普遍。如歐陽修即有金石拓片千卷，《道山清話》也記載了北宋時有士人以書易古銅器。《可書》則記載了當士人爲了「取媚權豪」，每得古器圖畫眞品，則降價售於權豪之門，「爭妍乞憐」。凡此種種，不論其風氣好壞，皆能具見北宋時文風之盛及其在社會上的影響。我們常盛稱北宋的文風及文化水準，這不是沒有原因的。

除了在文學與藝術上之外，於建築、科學、醫藥各方面，也在北宋時表現了極高的水準。就是由於各專業、階層人民的努力，這才創造了文化風氣鼎盛及繁榮的北宋汴京。

結　語

　　汴京算得上是中國的古都，曾有魏、後梁、後晉、後漢、後周、宋、金七代定都於此。然而，眞正算來，她的繁華極盛，實也只有在北宋這短短一百六、七十年間。在這段時間裡，汴京由一個地方規模的城市一躍而爲全世界第一大都市。其人口的眾多，市況的熱鬧、繁華，民生的富足奢靡，皆非前代所能望其項背。而至北宋末徽宗時，更到達了頂點。然而，即在此繁盛之極的時刻，金人數次入侵，汴京衰敗了，且一蹶不能復振。往時的一切，在國亡城破後，也恍如華胥之一夢。而斯時繁華，對南渡遺老們而言，也成爲永不能回復的過往，當年的「節物風流，人情和美」，是再不可尋了。儘管行在臨安，街巷中仍有不少打著舊招牌的京師老店，但也只是更增添了南渡士庶們的故國之思。

　　再從歷史的縱觀角度來看，汴京所出現的繁華是特殊且具有重要意義的。她的繁盛，標識著在工、商業開始發展之後，大都市的形成、市民階級的興起、社會型態的改變、人民生活日趨豐足而多樣的諸般情況。這麼些已經近似於現代化大都市的特徵，出現在近千年前的北宋汴京，是值得人們多加玩味的。不過，儘管已有了這麼許多特徵，汴京離眞正資本主義化商業大都市，仍有相當大的距離。這乃因當時平民階級雖已崛起，也擁有最大的勞動生產力；然而，主導大部分消費的，卻仍是控制著多數財富與特權的貴族、富室。如此一來，社會的發展表面上看雖然蓬勃，但卻有其發展限制在。不過，不論如何，汴京的繁華則是曾經存在的事實，汴京的人民也的確在生活上享有著一定程度的富足。但在繁華、富足的過程中，汴京不能免地也沾染了奢靡浮華的惡習，尤以居上位者爲然，並早從內在自我腐蝕。是以金人入

侵，即造成城破身虜國亡的悲劇，繼而墜入衰敗的谷底。就像原來精緻、富麗的大相國寺，於南宋使臣范成大的眼下，已是「傾簷缺吻，無復舊觀」（見《攬轡錄》）。耗資鉅億的萬壽山、艮嶽，也毀之一旦、片石無存。而人民更因此而飽受亡國流離之苦，孰令致之，實值得深思。

　　對歷史的感慨，是述不盡的，本論文也只有從汴京人民生活的敘述中，來捕捉那個繁華時代的一些片段。所論述的內容，包括了平常時日中，汴京人民的食、衣、住、行、娛樂；以及特殊節慶之日裡，人們歲時生活之情與汴人的禮俗、信仰。整個敘述，圍繞北宋汴京，然亦時以他時他地可供參考者，做為補充。而以本論文所述，意在再現斯時之繁華。故於金人徽、欽之際數次圍城，予取予求，一段不堪翻檢的歷史，以及日後汴京衰敗之情貌，雖亦可取做汴京興衰之對照，並為逸樂淫靡滅國之鑑戒。然已不堪提筆再述，且亦嫌於離題，故本論文乃但止於繁華而已，於汴京城破後情狀，未加敘述。蓋欲求興亡之感、盛衰之情，亦不必自拘於是也。

參考引用書目

一、史　籍

1. 《宋史》，脫脫等（元），鼎文。
2. 《續資治通鑑長編》，李燾（宋），世界。

二、筆　記

　　按：本論文所引用、參考之筆記，大抵使用新文豐出版公司《叢書集成新編》中所收錄者。本文在此即依該叢書冊數之先後具載之。而使用其它版本之筆記，則列於後。

（一）叢書集成新編

　　冊　八

1. 《塵史》，王得臣（宋），知不足齋。
2. 《東園叢說》，李如箎（宋），知不足齋。

　　冊十一

1. 《中華古今注》，馬縞（五代），百川。
2. 《東原錄》，龔鼎臣（宋），藝海。
3. 《珩璜新論》，孔平仲（宋），學海。
4. 《猗覺寮雜記》，朱翌（宋），知不足齋。
5. 《肯綮錄》，趙叔向（宋），學海。
6. 《甕牖閒評》，袁文（宋），聚珍。
7. 《西溪叢語》，姚寬（宋），學津。
8. 《演繁露正、續》，程大昌（宋），學津。

冊十二

1. 《靖康緗素雜記》，黄朝英（宋），墨海。
2. 《學林》，王觀國（宋），聚珍。
3. 《野客叢書》，王楙（宋），稗海。
4. 《常談》，吳箕（宋），函海。
5. 《緯略》，高似孫（宋），守山閣。
6. 《捫蝨新話》，陳善（宋），儒學。
7. 《賓退錄》，趙與時（宋），學海。
8. 《蘆浦筆記》，劉昌詩（宋），知不足齋。
9. 《坦齋通編》，邢凱（宋），守山閣。
10. 《席上腐談》，俞琰（宋），寶顏堂。
11. 《潁川語小》，陳叔方（宋），守山閣。
12. 《佩韋齋輯聞》，俞德鄰（宋），學海。
13. 《續釋常談》，龔熙正（宋），唐宋。
14. 《愛日齋叢鈔》，不詳（宋），守山閣。

冊二十二

1. 《師友雜志》，呂本中（宋），十萬。

冊二十八

1. 《宋朝事實》，李攸（宋），聚珍。

冊二十九

1. 《愧郯錄》，岳珂（宋），學海。
2. 《朝野類要》，趙升（宋），聚珍。

冊三十一

1. 《孝肅包公奏議》，包拯（宋），粵雅堂。

冊三十二

1. 《守城錄》，陳規（宋），墨海。

冊三十三

1. 《袁氏世範》，袁采（宋），知不足齋。

冊三十五

1. 《司馬氏書儀》，司馬光（宋），學津。

冊四十三

1. 《歲時廣記》，陳元靚（宋），十萬。

冊四十七

1. 《茶經》，陸羽（唐），百川。

冊四十八

1. 《文房四譜》，蘇易簡（宋），學海。
2. 《墨記》，何薳（宋），學海。

冊五十三

1. 《畫史》，米芾（宋），津逮。
2. 《圖畫見聞誌》，郭若虛（宋），津逮。

冊五十四

1. 《丸經》，不詳（元），津逮。

冊八十一

1. 《碧雞漫志》，王灼（宋），知不足齋。

冊八十二

1. 《友會談叢》，上官融（宋），十萬。
2. 《春渚紀聞》，何薳（宋），學津。
3. 《異聞總錄》，不詳（宋），稗海。

冊八十三

1. 《丁晉公談錄》，丁謂（宋），百川。
2. 《東齋記事》，范鎮（宋），守山閣。
3. 《國老談苑》，王君玉（宋），百川。
4. 《涑水記聞》，司馬光（宋），聚珍。
5. 《湘山野錄》，僧文瑩（宋），學津。
6. 《玉壺清話》，僧文瑩（宋），知不足齋。
7. 《近事會元》，李上交（宋），畿輔。
8. 《邵氏聞見前錄》，邵伯溫（宋），學津。
9. 《邵氏聞見後錄》，邵博（宋），津逮。
10. 《春明退朝錄》，宋敏求（宋），百川。
11. 《石林燕語》，葉夢得（宋），稗海。

12. 《孫公談圃》，孫升（宋），百川。

　　冊八十四

1. 《東軒筆錄》，魏泰（宋），稗海。
2. 《珍席放談》，高晦叟（宋），函海。
3. 《桐陰舊話》，韓元吉（宋），説海。
4. 《鐵圍山叢談》，蔡絛（宋），知不足齋。
5. 《避戎嘉話》，石茂良（宋），歷代。
6. 《二老堂雜志》，周必大（宋），學海。
7. 《曲洧舊聞》，朱弁（宋），知不足齋。
8. 《玉照新志》，王明清（宋），學津。
9. 《揮麈錄（前錄、後錄、三錄、餘話）》，王明清（宋），津逮。
10. 《閒燕常談》，董弅（宋），歷代。
11. 《清波雜志》，周煇（宋），知不足齋。
12. 《清波別志》，周煇（宋），知不足齋。
13. 《獨醒雜志》，曾敏行（宋），知不足齋。
14. 《西塘集耆舊續聞》，陳鵠（宋），知不足齋。
15. 《癸辛雜識（前、後、續、別集）》，周密（宋），學津。
16. 《齊東野語》，周密（宋），學津。
17. 《楓窗小牘》，袁褧（宋），津逮。
18. 《道山清話》，王暐（宋），百川。
19. 《避暑錄話》，葉夢得（宋），津逮。
20. 《卻掃編》，徐度（宋），津逮。
21. 《文昌雜錄》，龐元英（宋），學津。

　　冊八十五

1. 《儒林公議》，田況（宋），稗海。
2. 《歸潛志》，劉祁（金），知不足齋。
3. 《北軒筆記》，陳世隆（元），知不足齋。

　　冊八十六

1. 《清異錄》，陶穀（宋），寶顏堂。
2. 《王氏談錄》，王洙（宋），寶顏堂。
3. 《南部新書》，錢易（宋），學津。

4. 《醴泉筆錄》，江休復（宋），學海。

5. 《東坡志林》，蘇軾（宋），學津、稗海二本。

6. 《仇池筆記》，蘇軾（宋），龍威。

7. 《師友談記》，李廌（宋），百川。

8. 《青箱雜記》，吳處厚（宋），稗海。

9. 《後山談叢》，陳師道（宋），寶顏堂。

10. 《高齋漫錄》，曾慥（宋），守山閣。

11. 《墨客揮犀》，彭乘（宋），守山閣。

12. 《楊公筆錄》，楊彥齡（宋），學海。

13. 《泊宅編》，方勺（宋），讀畫齋。

14. 《呂氏雜記》，呂希哲（宋），指海。

15. 《畫墁錄》，張舜民（宋），稗海。

16. 《侯鯖錄》，趙令畤（宋），知不足齋。

17. 《過庭錄》，范公偁（宋），稗海。

18. 《明道雜志》，張耒（宋），顧氏。

19. 《孔氏談苑》，孔平仲（宋），藝海。

20. 《步里客談》，陳長方（宋），守山閣。

21. 《昨夢錄》，康與之（宋），說海。

22. 《避暑漫抄》，陸游（宋），說海。

23. 《可書》，張知甫（宋），十萬。

24. 《摭青雜說》，王明清（宋），龍威。

25. 《墨莊漫錄》，張邦基（宋），稗海。

26. 《雞肋編》，莊綽（宋），琳琅。

27. 《蓼花洲閒錄》，高文虎（宋），說海。

28. 《陶朱新錄》，馬純（宋），珠叢。

冊八十七

1. 《話腴》，陳郁（宋），適園。

2. 《桯史》，岳珂（宋），學津。

3. 《密齋筆記》，謝采伯（宋），琳琅。

4. 《鶴林玉露》，羅大經（宋），稗海。

5. 《志雅堂雜鈔》，周密（宋），粵雅堂。

6. 《清夜錄》，俞文豹（宋），歷代。

7. 《腳氣集》，車若水（宋），寶顏堂。

8. 《隨隱漫錄》，陳世崇（宋），稗海。

9. 《西畬瑣錄》，孫宗鑑（宋），學海。

10. 《北牕炙輠錄》，施德操（宋），讀畫齋。

11. 《白獺髓》，張仲文（宋），歷代。

12. 《江行雜錄》，廖瑩中（宋），說海。

13. 《袖中錦》，太平老人（宋），學海。

14. 《搜採異聞錄》，永亨（宋），稗海。

15. 《山家清事》，林洪（宋），顧氏。

16. 《清尊錄》，廉布（宋），說海。

17. 《宣政雜錄》，江萬里（宋），說海。

18. 《續墨客揮犀》，不詳（宋），說海。

19. 《南窗紀談》，不詳（宋），知不足齋。

20. 《閒居錄》，吾丘衍（元），學津。

21. 《遂昌山樵雜錄》，鄭元祐（元），讀畫齋。

22. 《至正直記》，孔齊（元），粵雅堂。

23. 《研北雜志》，陸友仁（元），寶顏堂。

24. 《農田餘話》，長谷眞逸（元），寶顏堂。

25. 《東南紀聞》，不詳（元），守山閣。

冊九十一

1. 《荊楚歲時記》，宗懍（五代），寶顏堂。

冊九十三

1. 《攬轡錄》，范成大（宋），知不足齋。

2. 《北道刊誤志》，王瓘（宋），守山閣。

3. 《北轅錄》，周煇（宋），說海。

4. 《北行日錄》，樓鑰（宋），知不足齋。

冊九十六

1. 《古杭雜記》，李有（元），說海。

冊一一七

1. 《王文正公筆錄》，王曾（宋），百川。

2. 《龍川略志》，蘇轍（宋），百川。

3. 《梁谿漫志》，費袞（宋），知不足齋。

4. 《靖康朝野僉言》，不詳（宋），說海。

5. 《萍洲可談》，朱彧（宋），守山閣。

6. 《甲申雜記》，王鞏（宋），知不足齋。

7. 《聞見近錄》，王鞏（宋），知不足齋。

8. 《清虛雜志補闕》，王鞏（宋），知不足齋。

（二）

1. 《茶錄》，蔡襄（宋），世界。

2. 《糖霜譜》，王灼（宋），世界。
   （以上二者收於《飲饌譜錄》一書中）

3. 《夢溪筆談校證》，沈括（宋），胡道靜校證，世界。

4. 《歸田錄》，歐陽修（宋），木鐸。

5. 《新校雲麓漫鈔》，趙彥衛（宋），世界。

6. 《青瑣高議》，劉斧（宋），上海古籍。

7. 《投轄錄》，王明清（宋），四庫。

8. 《默記》，王銍（宋），木鐸。

9. 《吹劍錄全編五種》，俞文豹（宋），世界。

10. 《澠水燕談錄》，王闢之（宋），木鐸。

11. 《能改齋漫錄》，吳曾（宋），木鐸。

12. 《雲谷雜記》，張淏（宋），世界。

13. 《楊文公談苑》，楊億（宋），商務。

14. 《因話錄》，曾三異（宋），商務。

15. 《宣靖妖化錄》，孔佃（宋），商務。
    （以上三者收於《說郛》一書中）

16. 《老學庵筆記》，陸游（宋），木鐸。

17. 《燕翼詒謀錄》，王栐（宋），木鐸。

18. 《中吳紀聞》，龔明之（宋），新興。
    （於《筆記小說大觀》二十二編中）

19. 《游宦紀聞》，張世南（宋），木鐸。

20. 《舊聞證誤》，李心傳（宋），木鐸。

21. 《貴耳集》，張端義（宋），木鐸。

22. 《東京夢華錄注》，孟元老（宋），鄧之誠注，漢京。

23. 《都城紀勝》，不詳（宋），大立。

24. 《西湖老人繁勝錄》，不詳（宋），大立。

25. 《夢粱錄》，吳自牧（宋），大立。

26. 《武林舊事》周密（宋），大立。

 （以上四者收於《東京夢華錄外四種》中）

27. 《乾淳歲時記》，周密（宋），藝文。

 （收於《歲時習俗資料彙編》中）

28. 《容齋隨筆》，洪邁（宋），大立。

29. 《夷堅志》，洪邁（宋），明文。

30. 《醉翁談錄》，金盈之（宋），新興。

 （收於《筆記小記大觀》十九編中）

31. 《大宋宣和遺事》，不詳（宋），河洛。

32. 《新編醉翁談錄》，羅燁（宋），世界。

33. 《爐餘錄》，徐大焯（元）。

 （為抄本，藏於史語所）

34. 《西湖遊覽志餘》，田汝成（明），木鐸。

35. 《如夢錄》，不詳（明），孔憲易校注，中州古籍。

36. 《陔餘叢考》，趙翼（清），華世。

37. 《宋人小說類編》，餘叟（清），中國（北京）。

（三）社會、經濟學方面專著

1. 《宋代東京開封府》，周寶珠，河南師大學報。

2. 《北宋都城東京》，吳濤，河南人民。

3. 《宋代兩京市民生活》，龐德新，龍門。

4. 《南宋社會生活史》，謝和耐、馬德程譯，文化大學。

5. 《相國寺考》，熊伯履，中州古籍。

6. 《宋代商業與城市》，馬潤潮、馬德程譯，文化大學。

7. 《宋代社會研究》，朱瑞熙，弘文館。

8. 《兩宋經濟重心的南移》，張家駒，帛書。

9. 《宋元明經濟史稿》，李劍農，華世。

10. 《中國經濟史考證（卷一、二）》，加藤繁，華世。

11. 《中國經濟制度史論》，趙岡、陳鍾毅，聯經。

12. 《中國經濟史論叢》，全漢昇，新亞書院。

13. 《中國經濟史論叢》，傅筑夫，谷風。
14. 《中國文化新論、經濟篇－民生的開拓》，聯經。
15. 《唐宋帝國與運河》，全漢昇，太平書局。
16. 《中國手工業、商業發展史》，童書業，木鐸。
17. 《唐宋官私工業》，鞠清遠，食貨。
18. 《中國資本主義萌芽問題討論集（續編）》，谷風。

四、風俗、生活史方面專著

1. 《中國社會史料叢鈔》，瞿宣穎，商務。
2. 《歷代社會風俗事物考》尚秉和，商務。
3. 《中國風俗史》張亮采，商務（人人文庫）。
4. 《中華全國風俗志》胡樸安，啓新。
5. 《飲料食品》楊蔭深，世界。
   （收於《飲饌譜錄》中）
6. 《中國文化新論、宗教禮俗篇－敬天與親人》，聯經。
7. 《中國建築史新編》，明文。
8. 《中國古代建築史》，劉敦楨，明文。
9. 《中國城市發展史》，董鑒泓等，明文。
10. 《中國古代服飾研究》，沈從文，南天。
11. 《中國古代服飾史》，周錫保，丹青。
12. 《中國歷代婦女妝飾》，周汛、高春明，南天。
13. 《中國民間諸神》，宗力、劉群，河北人民。

五、方志之屬

1. 《豫志》，王士性（明），新文豐。
   （收於《叢書集成新編》冊九十五）
2. 《汴京遺蹟志》，李濂（明），四庫。
3. 《宋東京考》，周城（清），中華（北京）。
4. 《河南通志》，田文鏡修（清），孫灝等纂（清）。
   （八十卷，爲民國3年重印雍道同光間歷次補修本）
5. 《續河南通志》，阿思哈等纂修（清）。
   （八十四卷，首四卷，民國3年重印乾隆三十二年本）
6. 《祥符縣志》，張叔載修（清），魯增煜纂（清）
   （二十二卷，乾隆四年刊本）

7. 《新修祥符縣志》，沈傳義修（清），黃舒昺纂（清）。

（二十四卷，首一卷，光緒二十四年刊本）

8. 《開封府志》，管竭忠重修（清），張沐纂（清）。

（四十卷，同治二年補刊，康熙三十四年本）

9. 《汴宋竹枝詞》，李于潢（清）。

（二卷，收於《三怡堂叢書》中）

按：以上六書，俱藏於史語所。

六、參考論文

1. 《關於唐宋時代之商人組合「行」》，加藤繁著、張其春譯，國風半月刊五卷一期。

2. 《宋代都市的夜生活》，全漢昇，食貨半月刊合訂本頁 23～28。

3. 《南宋杭州的外來食料與食法》，全漢昇，食貨半月刊合訂本頁 42～44。

4. 《宋代東京對於杭州都市文明的影響》，全漢昇，食貨半月刊合訂本頁 135～138。

5. 《宋代女子職業與生計》，全漢昇，食貨半月刊合訂本頁 361～366。

6. 《中國古代城市經濟史研究的幾個問題》，郭正忠，光明日報，1985 年 7月 24 日第三版。

7. 《近年來中國古代城市問題研究綜述》，曲英杰，中國史研究動態，1985年 7 月 8～14 日。

8. 《從清明上河圖和東京夢華錄看北宋汴京的城市經濟》，姜慶湘、蕭國亮，中國社會科學，1981 年第四期。

9. 《宋代東京城市經濟的發展及其在中外經濟文化交流中的地位》，周寶珠，中國史研究，1981 年第二期。

10. 《北宋開封園苑的考察》，劉益安。

（收於《宋史論集》，中州書畫社 1983 年出版）

11. 《北宋東京城坊考略》，孔憲易。

（收於《宋史研究論文集》，河南人民出版社 1982 年出版）

12. 《從隋唐長安城宋東京城看我國一些都城佈局的演變》，董鑒泓。

（收於《中國建築史論文選輯》二輯，明文書局 1985 年出版）

13. 《中國古代的旅館建築》，奚樹祥。

（收於《中國建築史論文選輯》一輯，明文書局 1984 年出版）